AF285585

Bibliographische Information der Deutschen
Nationalbibliothek

Die Deutsche Nationalbibliothek verzeichnet diese
Publikation in der Deutschen Nationalbibliographie;
detaillierte bibliographische Daten sind im Internet über
http://dnb.d-nb.de abrufbar.

Herstellung und Verlag: Books on Demand GmbH,
Norderstedt
1. Auflage 2010
© by Christian Huwer.
ISBN-13: 978-3-8391-9122-4

Is Paul really dead?

Gedanken über den Sinn oder Unsinn einer
Verschwörungstheorie

Christian Huwer

„When I find myself in times of trouble,
brother Falk comes to me,
speaking words of wisdom."

Inhaltsverzeichnis

Abkürzungsverzeichnis

Abb.	Abbildung
Abk.	Abkürzung
Anm.	Anmerkung
bzgl.	bezüglich
bzw.	beziehungsweise
d. h.	das heißt
d. J.	des Jahres
Dt.	Deutsch
ebd.	ebenda
Engl.	Englisch
En.	Endnote
f.	Für
Kap.	Kapitel
o. g.	oben angegeben
OT	Originaltitel
S.	Seite
u. a.	unter anderem
u. U.	unter Umständen
v.	Von
v. a.	vor allem
Vgl.	Vergleiche
z. B.	zum Beispiel

Vorwort

Prominente stehen regelmäßig unter intensiver Beobachtung der Öffentlichkeit. Zumindest die sogenannten „A-Prominenten" werden mitunter auf Schritt und Tritt von Anhängern und Presse verfolgt; mitunter bis in den Privatbereich. Manche Anhänger sind einfach nur neugierig auf die Lebensweise des Promis, andere wiederum verehren den Star und malen sich in ihren Tagträumen eine gemeinsame Zukunft mit dem oder der Angebeteten aus. Dies führt nicht selten dazu, dass einzelne Fans beispielsweise vor dem Hotel, in welchem ihr Star während seiner Tournee untergebracht ist, übernachten oder ähnliche, scheinbar absurde, Verfolgungen auf sich nehmen.

Diese intensive Beobachtung – vor allem durch die Fans eines Musikers oder Schauspielers – führt natürlich zu allerhand Geschichten und Legenden über die jeweilige Person. Zu solchen Legenden sind auch sogenannte Verschwörungstheorien zu rechnen, die (meistens nicht bewiesene) Ereignisse durch ein nicht der Öffentlichkeit bekanntes gemeinsames Handeln mehrerer

Personen erklären soll. In einer der berühmtesten Verschwörungstheorien wurde etwa behauptet, dass der damalige US-Präsident John F. Kennedy durch die CIA umgebracht wurde, welche wiederum u. a. mit der Mafia zusammengearbeitet habe (eine von mehreren Versionen).

Eine der zeitlich neuesten Verschwörungstheorien wird auch so manchem Leser bekannt sein; immerhin wurde sie auch in Europa massiv verbreitet. Es wird nämlich behauptet, dass die damalige US-amerikanische Regierung unter der Führung von George W. Bush jun. selbst der Drahtzieher für die Terroranschläge vom 11. September 2001 in New York City und Washington, D. C. gewesen sei, um damit die Angriffe auf Afghanistan und den Irak begründen zu können.

Diese beiden Theorien fallen dabei in die Kategorie derer, bei denen das Ausgangsgeschehen (Mord am Präsidenten, Irak-Krieg) tatsächlich stattgefunden hat und alles im Zusammenhang mit den Hintergründen behauptete Geschehen auf mehr oder weniger zweifelhaften Beweisen beruht.

Daneben gibt es auch einige wenige Verschwörungstheorien, bei denen die ursprüngliche Tat nicht bewiesen ist und vielleicht auch nicht stattgefunden hat. Die

Verschwörungstheorie beginnt dann schon an der Stelle, an welcher behauptet wird, dass etwas Bestimmtes stattgefunden habe. Wie bei der anderen Kategorie auch, sollen mit Hilfe der Theorie aber auch die Hintergründe erklärt werden, warum es zu dieser oder jener Tat gekommen ist.

Was Fans bekannt sein mag, aber viele andere Musikhörer nicht wissen: Selbst die Beatles, die erfolgreichste Musikgruppe der Welt[1], sind nicht vor einer Verschwörungstheorie verschont geblieben. Entstanden aus einem scheinbar harmlosen Bericht einer Studentenzeitung entwickelte sich über die Jahre hinweg eine sich immer mehr verdichtende Argumentation für einen Unfalltod McCartneys, der nur durch das eiserne Schweigen der restlichen Bandmitglieder und den nahtlosen Ersatz McCartneys durch einen Doppelgänger vor der Öffentlichkeit verheimlicht wurde. Diese Theorie gehört also zur zweiten Kategorie, denn der Tod McCartneys ist keineswegs zweifelsfrei belegt. Es scheint vielmehr so, dass die wirkliche Person auch heute noch Konzerte gibt und neue Kompositionen veröffentlicht.

Der Autor, selbst bekennender Anhänger der

Fab Four, hat mit diesem Buch den Versuch gestartet, nahezu alle „Belege" der Verschwörungstheoretiker zu sammeln und möglichst wertfrei darzustellen. Eine Garantie auf Vollständigkeit kann allerdings nicht gegeben werden, denn dafür sind die Quellen – vor allem in Zeiten der zunehmenden Vernetzung – schier zu groß. So gibt es beispielsweise im Internet einige Behauptungen zu *Paul is dead*, die es gar nicht in dieses Buch geschafft haben, weil sie z. B. nur in dieser einen Quelle vorgetragen wurden und man somit nicht wirklich überprüfen konnte, ob ein solches Argument von den meisten Verschwörungstheoretikern ähnlich gesehen wird.

Sämtliche Hinweise in diesem Buch sind also als die häufigsten „Beweise" anzusehen, die immer wieder im Zuge der Theorie auftauchen. Das kann und soll natürlich in keinster Weise implizieren, dass es sich hierbei um wirkliche Beweise (z. B. nach juristischer Definition) für Paul McCartneys Tod handelt.

Als Chronologie der einzelnen Kapitel wurde das Erscheinungsdatum der betreffenden Beatles-Alben verwendet. Dies wurde als sinnvoll erachtet, weil die meisten „Beweise" auf den Aufnahmen der Gruppe zu finden und die Argumente für die Theorie somit in der gleichen Reihenfolge entstanden sind.

Der Leser soll einen Einblick in die *Paul is dead-Theorie* erhalten und sich am Ende ein eigenes Urteil zur Wahrheit oder Unwahrheit der selbigen bilden.

Egal, welches Ergebnis man am Ende für sich findet: *Paul is dead* ist aus der Sicht des Autors eine sehr interessante Verschwörungstheorie, denn einige der Hinweise, die sich auf den Musikalben der Beatles finden lassen, sind vielleicht nicht wegzudiskutieren.

Vor allem, wenn man der Theorie keinen Glauben schenkt, lässt dies auf eine wunderbare Tatsache schließen:

Die Beatles waren geniale Musiker, welche die benannten Beweise durch ihre ungeheure Kreativität wahrscheinlich selbst erfunden und auf den Alben eingebaut haben[2].

Und zumindest dies ist zu bewundern.

Saarbrücken, im Oktober 2010
Christian Huwer

Kapitel 1: Die „Paul is dead"-Theorie

Bevor wir zur Untersuchung der „Paul is dead"- Theorie und der angeblichen Beweise für diese These kommen, müssen wir uns zunächst einmal der Definition der selbigen widmen.

1.1 Geschichte

Der Quell der Theorie findet sich in einem Artikel aus dem Jahr 1969, welcher in einer Campuszeitung der University of Michigan veröffentlicht wurde. Darin behauptete der Autor (scherzhaft), dass Paul McCartney drei Jahre zuvor bei einem Autounfall ums Leben gekommen sei. Es wurde sogar der „Unfallhergang" geschildert, wonach Macca[3] vom Anblick einer hübschen Politesse[4] so abgelenkt war, dass er das Umschalten der vor ihm liegenden Ampel nicht bemerkte, daraufhin bei Rot in die Kreuzung einfuhr und mit einem anderen Wagen zusammenstieß.
Nach Beschreibung des Verfassers geriet das

Auto so schnell in Flammen, dass der Körper McCartneys bis zur Unkenntlichkeit verstümmelt wurde und sich die Identität der Leiche nur noch mittels einer medizinischen Analyse der Zähne feststellen ließ.

Mit dieser Beschreibung endete der zitierte Artikel jedoch noch lange nicht. Der Verfasser des Zeitungsberichts bedachte sogar die zweifelnden Leser und zeigte ihnen auf, warum die Öffentlichkeit von alledem nichts erfahren hat. Nach seiner Aussage wurden die restlichen Bandmitglieder der Beatles vom Management dazu gezwungen, den Tod McCartneys zu vertuschen, da man ansonsten Umsatzeinbrüche auf Grund von sinkenden Plattenkäufen und abnehmenden Fanzahlen hätte verkraften müssen. Außerdem wäre mit der offiziellen Bekanntgabe des Todes die gemeinsame Karriere der Beatles abrupt beendet gewesen.

Aus diesem Grund musste ein Doppelgänger gefunden werden. Gemäß der weiteren Beschreibung des Artikels wurde deshalb eine Art „Paul-Lookalike"-Wettbewerb veranstaltet, bei dem ein gewisser William Campbell gewann. Dieser musste noch mehrere plastische Operationen über sich ergehen lassen, bis er den Platz Pauls einnehmen konnte.

Da die Beatles nicht über den Vorfall sprechen durften, versuchten sie fortan ihren Fans durch versteckte Botschaften mitzuteilen, was passiert war.

An dieser Stelle endete der Artikel der Campuszeitung und es begann der Teil, an dem die Verschwörungstheorie interessant wird. Einige Fans fassten den Artikel und eine kurze Zeit später stattgefundene Radiosendung, die sich mit dem Thema beschäftigte, als wahre Tatsache auf und versuchten, diese mit zahlreichen Beweisen zu belegen.

Jene „Beweise" finden sich sowohl auf verschiedenen Plattencovern als auch in Liedtexten. Außerdem haben die Anhänger dieser Theorie verschiedene mehr oder weniger logische Anhaltspunkte aus dem Verhalten der Beatles abgeleitet. Dies geht sogar soweit, dass sich einzelne Personen intensiv mit der Analyse des Bassspiels von Paul McCartney vor und nach seinem „Tod" beschäftigt und dieses insbesondere auf mögliche Unterschiede hin untersucht haben.

Um der Theorie etwas näher zu kommen,

werden wir uns in den nun folgenden Kapiteln etwas intensiver um diese und andere Belege zu der Verschwörungstheorie kümmern, die auch nach genau 40 Jahren immer noch viele Fans in den Bann zieht.

Kapitel 2: „Beweise" für die Theorie

2.1 Hinweise auf Plattencovern und in Liedtexten

2.1.1 Yesterday and Today

2.1.1.1 Cover

Auf dem (zweiten[5]) Cover des im Jahr 1966 veröffentlichten US-Albums[6] sind die Beatles mit einer geöffneten Kiste zu sehen, wobei John, George und Ringo auf der Kiste sitzen bzw. neben ihr stehen. Lediglich Paul sitzt in jenem Behältnis. Dreht man das Bild in einem Winkel von 90 Grad, so sieht es aus, als würde Paul nunmehr in einem Sarg liegen, was ein Hinweis darauf sein soll, dass er ums Leben gekommen ist.

Zudem soll bei näherer Betrachtungsweise eine Narbe über McCartneys Oberlippe zu erkennen sein, welche die Doppelgänger-Theorie beweisen soll, denn schließlich hat das „Original" keine derartige Verletzung gehabt.

Zum zweiten Punkt hat McCartney selbst jedoch einmal gesagt, dass er sich die Narbe bei einer Motorradtour im Sommer des gleichen Jahres zugezogen habe. Durch einen Unfall habe er sich Schneidezähne ausgeschlagen und bei der anschließenden ärztlichen Behandlung sei die Narbe durch das Nähen der Wunde entstanden.

Obwohl sich auf diesem Album keine weiteren Hinweise erkennen lassen, gibt es noch etwas zum ersten Cover der Platte zu sagen. Die Anhänger von „Paul is dead" haben sich nämlich die Mühe gemacht, das Abbild sehr genau zu betrachten und daraus Interpretationen abzuleiten.

Wie in Endnote 3 erwähnt, zeigten sich die Beatles mit zerstückelten Babypuppen und zerhacktem Fleisch. Nach Meinung der Fans könnten die zerstörten Puppen auf die grausamen Verletzungen des Unfalls und damit einhergehend auf die „Zerstörung" – also den Tod – McCartneys hinweisen. Zudem wird George Harrisons Halten eines Babykopfes in Höhe des Kopfes von Paul als Hinweis erachtet, dass Paul bei dem Unfall enthauptet wurde oder zumindest schwere Kopfverletzungen erlitten hatte. Dies würde logischerweise zur Beschreibung des Artikels der University of Michigan passen, wonach die Leiche sehr stark entstellt war.

2.1.1.2 Songs[7]

Yesterday

Yesterday, ein Lied, dessen Melodie selbst Nicht-Anhängern der Beatles im Ohr klingen dürfte, liefert gleich ein Indiz für die Theorie. Die Textstelle *"I believe in yesterday, suddenly, I'm not half the man I used to be, there's a shadow hanging over me. Yesterday came suddenly..."*[8] wird von den Verschwörungstheoretikern so interpretiert, dass Paul nicht mehr er selbst resp. nicht mehr der ist, von dem es die Fans glauben zu sein. Außerdem kann die Stelle „*Yesterday came suddenly*" so gesehen werden, dass die Vergangenheit (im Sinne von Pauls Leben) und damit die „gute, alte Zeit" der Fab Four plötzlich beendet ist. Das Plötzliche, das durch das Wort *suddenly*[9] ausgedrückt wird, lässt wiederum auf einen Unfall schließen.

Gegen die Hinweise in *Yesterday* spricht, dass das Lied nach herrschender Meinung als Liebeslied aufgefasst wird. Das lyrische Ich spricht im Text von einer verflossenen Liebe, der er nachtrauert.[10] Da insbesondere von einer Sie die Rede ist, erscheint es zweifelhaft, dass die Beatles hiermit einen Hinweis auf einen eventuellen Tod McCartneys geben wollten. Allerdings scheint dies für die Fürsprecher der Theorie keine besondere Relevanz zu haben, denn wie wir später sehen werden, finden sich nach deren Angaben auch in anderen – eigentlich eher als Liebesliedern zu betrachtenden – Songs Beweise für seinen Tod.[11]

Doctor Robert

Dieses Stück wird zumeist in engem Zusammenhang mit dem Drogenkonsum der Beatles in den frühen Jahren gesehen. Es wird über einen „Doktor" bzw. richtig bezeichnet über einen Arzt gesungen, der jederzeit bereit steht und der so erfolgreich wie sonst niemand ist, wenn es darum geht, jemanden „aufzupäppeln".

Die Tatsache, dass von einem speziellen Trunk des Arztes die Rede ist[12] und dass der Begriff des Doktors im Drogenmilieu häufig zur Bezeichnung von Dealern verwendet wird, lässt eine Nähe des Textes zu den Rauschgiften sehr stark vermuten. Selbst John Lennon sagte einmal, dass mit *Doctor Robert* eigentlich er selbst beschrieben würde, da er in früheren Zeiten immer derjenige war, der die Drogen für die gesamte Gruppe aufbewahrte und transportierte.[13]

Nichtsdestotrotz soll *Doctor Robert* ebenfalls einen kleinen Hinweis liefern. Da von einem Arzt gesprochen wird, der alles Erdenkliche tut was in seiner Macht steht[14], ist den Theoretikern zufolge davon auszugehen, dass die Beatles damit sagen wollten, dass der behandelnde Arzt McCartneys ebenfalls alles getan hat, was möglich war, es jedoch nicht ausreichte, um sein Leben zu retten.

Nowhere Man

Nowhere Man, ein sehr bekanntes Lied der Beatles, das wörtlich übersetzt von einem Mann im Nirgendwo erzählt, der nur das sieht was er auch sehen will und der bei dieser „Scheuklappenhaltung" nicht erkennt, was er Gutes in seinem Leben verpasst.[15]
Als das Lied veröffentlicht wurde, fasste die damalige Jugend den Text als eine Attacke gegen ihre Eltern und deren – in den Augen der Jugendlichen – sehr konservativen Ansichten auf. Immerhin waren die meisten Eltern damals nicht mit der sich allmählich schneller entwickelnden Freiheitsbewegung

der Sechziger Jahre einverstanden. Damit einhergehend war natürlich auch die „grässliche" Musik verpönt, mit der sich die Kinder identifizierten.

Trotz dieser öffentlichen Meinung über den Song erklärte John Lennon, dass das Lied in Wahrheit über sich selbst geschrieben sei. So sagte er bei einem Interview mit dem Playboy im Jahr 1980, dass er eines Morgens über einen Zeitraum von fünf Stunden versucht habe, ein inhaltsvolles und gutes Lied zu schreiben und ihm dies nicht gelungen sei. Letztendlich sei dann der *Nowhere Man* zu ihm gekommen und habe ihm von einer auf die andere Sekunde die nötige geistige Inspiration gegeben.[16]

Um auf unsere Theorie zurück zu kommen, so kann auch in diesem Lied ein Indiz gefunden werden. Betrachtet man sich den Text noch einmal genau, so kann man durchaus zu dem Schluss kommen, dass mit dem *Nowhere Man* nicht John Lennon sondern Paul McCartney gemeint war, denn welche Beschreibung passt besser zu einem Toten als die eines *Nowhere Man*, der sich im Nirgendwo befindet? Insbesondere die Stelle „*You don't know what you're missing, Nowhere Man, can you see me at all?*" wird gerne als Beleg angeführt, denn schließlich verpasst ein Mensch nach seinem Ableben das weitere irdische Leben. Die Frage

des lyrischen Ichs, ob es vom „Nowhere Man"
noch gesehen wird, wird so ausgelegt, dass
Paul McCartney begraben ist und daher
natürlich nicht mehr auf die anderen sehen
kann.

And Your Bird Can Sing

John Lennon war in späten Jahren ganz und
gar nicht zufrieden mit dem auf *Yesterday and
Today* und *Revolver* veröffentlichten Lied. Er
bezeichnete es sogar als „Throwaway", zu
Deutsch als Müll.
Vielleicht mag das am etwas
gewöhnungsbedürftigen Stil des Liedes liegen,
mit dem sicherlich auch nicht jeder Zuhörer
etwas anfangen kann.
Wie dem auch sei: Das im April 1966
aufgenommene Stück wird – ebenso wie das
Album *Revolver* – oft so interpretiert, dass es
den Einfluss von LSD[17] aufzeigt.[18] Neben
dieser Interpretation fanden die Anhänger der
Verschwörungstheorie aber auch hier eine
Textpassage, die einen Beweis für Pauls Tod
darstellen soll. Ihrer Meinung nach sind die
Stellen „*[...] you can't see me [...]*" und „*[...]
you can't hear me.*"[19]eine Umschreibung für
den Tod. Ein Toter kann logischerweise weder

etwas sehen noch etwas hören. Der Hinweis erinnert damit an die zuvor beschriebene Interpretation von *Nowhere Man*.

2.1.2 Revolver

2.1.2.1 Cover

Das Cover von Revolver – der europäischen
Veröffentlichung zum US-Album *Yesterday
And Today* – wurde vom Grafiker Klaus
Voormann[20], der seit der Hamburger Zeit mit
den Beatles befreundet war – entworfen und
gestaltet. Es zeigt neben verschiedenen
Fotoschnipseln der Beatles[21] auch Voormanns
Zeichnungen der vier Pilzköpfe. Auffallend ist
dabei, dass die Gesichter von John, George
und Ringo nach vorne zeigen, während Paul
abgewendet ist und zur Seite blickt.

Um diesen Hinweis besser zu verstehen, kann
man sich eine Gruppe von Personen vorstellen,
die sich um ein Lagerfeuer versammelt hat.
Wenn nun ein Mitglied dieser Gruppe
ausgeschlossen wird – also nicht mehr
dazugehört – dann wird es sich abwenden und
spätestens beim Verlassen des Kreises in
andere Richtung blicken.

Ähnlich dieser Situation wird das Cover von
Revolver daher als Illustration eines solchen
„Wegbrechens" eines Gruppenmitgliedes
betrachtet. Da es sich beim abgewandten

Gesicht um Paul handelt, sehen die Verschwörungstheoretiker hierin einen weiteren Hinweis auf die Wahrhaftigkeit seines Todes.

Bei genauem Hinsehen kann man zudem eine Hand über McCartney Kopf erkennen. Dies ist in einigen Ländern der Erde ein Symbol für den Tod.

<u>2.1.2.2 Songtexte</u>

Taxman

Taxman ist ein Lied, welches aus der Feder von George Harrison stammt und als erster Song auf Revolver veröffentlicht wurde. Das lyrische Ich beschreibt sich dabei als „Taxman" – also quasi als Quaestor[22] – der nicht davor zurückschreckt, selbst die irrsinnigsten Dinge zu besteuern.[23]

Der Text sollte eine Kritik an der Steuerpolitik der damaligen Regierung, die unter der Leitung von Harold Wilson[24] stand, sein. Harrison sagte dazu in seiner Autobiographie *I, Me, Mine*, dass er *Taxman* schrieb als er realisierte, dass sie (die Beatles, *Anm. d. Autors*) obwohl sie viel Geld verdienten, das

Meiste gar nicht mehr zu sehen bekamen, weil es in Form von Steuerabgaben abgeführt werden musste.[25] Die Beatles sahen sich besonders dadurch gegängelt, dass sie mit ihrem damaligen Einkommen in den Geltungs-bereich der von Wilson erlassenen „Super-Steuer" kamen, deren Steuersatz bei bis zu 95 Prozent lag.

Obwohl dieses Lied also eher politischer Bedeutung ist, können hier Hinweise für *Paul is dead* gefunden werden. So wird die Stelle „*If you drive a car*"[26] als Referenz dafür gesehen, dass McCartney im Auto gestorben ist.

Des Weiteren könnte „*If you get too cold*"[27] eine Anspielung auf den Tod sein, da die Körpertemperatur des Menschen nach Todeseintritt absinkt und der Körper lapidar gesprochen „kalt" wird. Weiter interpretiert soll es natürlich für Pauls Tod stehen.

Der letzte und – wenn überhaupt – eindeutigste Hinweis findet sich dann in der letzten Strophe. Hier gibt der „Taxman" einen Ratschlag an jene, die sterben.[28] Natürlich wirkt dies sehr frei interpretiert, aber möglicherweise wird es aus dem Grund als Beweis erachtet, da das Thema Tod ein Thema ist, was nicht zum Grundtenor des Liedes passt, in dem es schließlich um die Kritik am Steuersystem geht. Man hätte diese Stelle genauso gut weglassen bzw. durch eine andere ersetzen können. Weil dies aber nicht getan wurde, kann man – mit mehr oder weniger Phantasie, die aber bei Verschwörungstheorien immer dazugehört – schlussfolgern, dass der Text eine weitergehende Bedeutung haben muss als etwa nur den Takt auszufüllen. Und was bietet sich dann besser an, als es zum Beweis für McCartneys Tod heranzuziehen?

Yellow Submarine

Sollte man bereits bei den bisher behandelten „Beweisen" verwundert sein, so wird das Vorhandensein dieses Kapitels wahrscheinlich selbst Nicht-Beatles-Experten erstaunen.
Yellow Submarine, eines der bekanntesten Lieder, welches schon rein von der Melodik her froh anmutend ist, soll Hinweise auf den Tod einer Person enthalten? Genauso ist es aber, wenn man den Theoretikern Glauben schenkt.
Zunächst aber wieder ein paar Eckpunkte zur Geschichte dieses Songs.
Aufgenommen Ende Mai des Jahres 1966, wurde *Yellow Submarine* im August d. J. zusammen mit *Eleanor Rigby* als Single veröffentlicht. Der Gesang wurde von Ringo

Starr übernommen, für den das Stück auch extra zugeschnitten wurde. McCartney hatte im Elternhaus von Jane Asher[29] die Idee, ein Lied für Ringo zu schreiben. Da Starrs Tonumfang nicht sehr groß ist, achtete McCartney beim Schreiben darauf, dass das Arrangement nicht zu viele Töne umfasst[30]. Letztendlich rührt auch der Text daher. Es musste etwas halbwegs Einfaches gefunden werden, das zu einer solchen Melodie passt. So ergab es sich, dass es ein Kinderlied wurde, das einfach nur einen schönen (fiktiven) Ort beschreibt: Das gelbe Unterseeboot war geboren. Es fährt durch Meere verschiedener Farben und die Besatzung ist scheinbar dauerhaft glücklich, denn – wie heißt es so schön im Text – alle haben das, was sie brauchen.[31]

Aufgenommen wurde das Stück dann am 26. Mai und 1. Juni 1966 in den Abbey Road Studios. Die besonderen Toneffekte im Lied, welche nicht gerade gewöhnlich für diese Zeit waren, wurden allesamt am 1. Juni 1966 hinzugefügt. Im Gegensatz zu heute konnte man sich damals noch nicht mit einem Computer behelfen, auf dem die entsprechenden Effekte schon abgespeichert sind. Man musste also sämtliche Klänge manuell erzeugen und nutzte dazu ein spezielles Inventar des Studios, welches aus

Ketten, Schiffsglocken und sogar einer Registrierkasse bestand.

Paul McCartney rief außerdem mit John Lennon zusammen die Seemannskommandos, die auf der Aufnahme zu hören sind. Zuvor blies John noch Luft in ein mit Wasser gefülltes Glas, um „Blubber"-Geräusche zu erhalten.

Das Blasorchester, welches im Stück zu hören ist, wurde nicht wie bei *A Day In the Life*[32] extra engagiert. Geoff Emerick[33] griff einfach auf die vorhandene Aufnahme eines Orchesters zurück. Um juristische Probleme wegen des Urheberrechts zu vermeiden, zerstückelte er das Band zunächst und fügte es willkürlich wieder zusammen.

Die Veröffentlichung erfolgte dann zusammen mit *Eleanor Rigby* als gemeinsame Single am 5. August 1966.

In den Vereinigten Staaten hatte *Yellow Submarine* einen derart großen Erfolg, dass die Beatles eine Goldene Schallplatte der RIAA[34] erhielten.

Auch in Deutschland ist der Erfolg nicht minder beachtlich: Das Lied erreichte zeitweise Platz 1 der Single-Hitparade und konnte sich insgesamt 13 Wochen in den Top Ten behaupten. Und das, obwohl es wie bereits beschrieben eigentlich nur ein Kinderlied sein sollte.

Doch so positiv wie die meisten Menschen das Lied empfinden, so negativ kann man es auch sehen. So soll die Stelle „*Sky of blue and sea of green, in our yellow submarine.*"[35] der Verschwörungstheorie nach bedeuten, dass das gelbe Unterseeboot die Allegorie für einen Sarg darstellt, der unter dem grünen Meer, das wiederum für die mit Gras bewachsene Erde stehen soll, begraben ist. Der Ausdruck „*Sky of blue*" beschreibt den blauen Himmel der sich über dem Grab befindet und dem ein Toter „entgegenblickt".

Ausgehend davon, wird dann letztendlich auch die anfängliche Textstelle „*[...] In the land of submarines.*"[36] so interpretiert, dass es sich hierbei um die Beschreibung eines Friedhofs handelt, da – bezugnehmend auf das oben geschilderte – die Unterseeboote für Särge stehen und eine Ansammlung derer, bzw. sogar eine Bezeichnung als „Land der Särge", nur auf einen Friedhof zutreffen kann.

Interessanterweise hat sich Paul McCartney einmal zu Interpretationen über *Yellow Submarine* geäußert und diese mit dem Hinweis dementiert, dass es sich lediglich um ein belangloses Lied handele, welches er für Kinder komponiert habe[37].

Got to Get You into My Life

Eigentlich ist *Got to Get You into My Life* ein ganz gewöhnliches Stück, das von McCartney komponiert und wie gewohnt unter dem Label Lennon/McCartney auf *Revolver* veröffentlicht wurde. Die Tatsache, dass der Song jedoch ganz spezielle und durchaus diffizil klingende Arrangements für Blechbläser enthält und dadurch – und auch durch den Text – schon leicht psychedelisch klingt[38], machten ihn doch bekannter als man es wohl vermutet hat. Dies wird alleine dadurch belegt, dass das Lied 1976 – also erst zehn Jahre nach seiner Aufnahme und sechs Jahre nach der Auflösung der Fab Four – als Single veröffentlicht wurde und bis 1995[39] der letzte Top-Ten Hit der Gruppe blieb.

Bedeutend für unsere Theorie sind zwei Textpassagen, die für sich alleine gesehen auch wieder sehr frei interpretiert sind, aber gemeinsam mit der Betrachtung des Sgt. Pepper-Albums, wozu wir später noch kommen werden[40], durchaus logisch sein können.

Das lyrische Ich beschreibt nämlich, dass es eine Fahrt ohne wirkliches Ziel unternommen hatte und plötzlich jemanden – im Lied angesprochen als „you" – sah[41]. Wir werden später noch sehen, dass dieser Jemand sogar in einem Lied benannt und beschrieben wird. Zunächst kann aber festgehalten werden, dass der Text zur Beschreibung der Unfallsituation im Bericht der University of Michigan[42] passt. Demnach soll Paul McCartney eben mittelbar dadurch umgekommen sein, dass er während dem Fahren eine hübsche Frau sah und dem Straßenverkehr nicht mehr genügend Aufmerksamkeit geschenkt hat.

Tomorrow Never Knows

Das letzte von diesem Album stammende Stück, das für die *Paul is dead*-Theorie relevant ist, wurde als Finaltrack für *Revolver* aufgenommen und stammt fast ausschließlich von John Lennon. Es ist mitten in der psychedelischen Zeit der Beatles, also der Periode, in der sie bewusstseinserweiternde Substanzen zu sich nahmen, entstanden. Lennon wurde dabei von einem Buch namens *The Psychedelic Experience* von Timothy Leary[43] und Richard Alpert inspiriert, das er während eines LSD-Trips gelesen hatte. Entstanden ist der Song dann auf eine ähnlich ungewöhnlich Weise: Während einer weiteren Einnahme von LSD las Lennon im *Tibetan*

Book of the Dead[44] und nahm sich dabei selbst auf. Schließlich spielte er das Band rückwärts ab und kreierte daraus *Tomorrow Never Knows*.[45]

Hieraus wird auch schon der erste Hinweis für *Paul is dead* genommen. Weil das *Tibetian Book of the Dead* ein Buch für Sterbende ist, könnte es ein weiterer Hinweis auf den Tod McCartneys sein. Dies wird letztlich noch durch die Textstelle „[…] play the game ‚Existence' to the end"[46] bekräftigt, da man das menschliche Leben als das Spiel der Existenz bezeichnen kann und dieses Spiel zu Ende gespielt ist, sobald man stirbt.

2.1.3 Sgt. Pepper's Lonely Hearts Club Band

2.1.3.1 Cover

Sgt. Pepper's Lonely Hearts Club Band ist ein ganz besonderes Album, welches einer intensiveren Untersuchung bedarf. Immerhin hat diese Platte einzig schon dadurch Musikgeschichte geschrieben, dass sie vielfach als das erste Konzeptalbum[47] der Popmusik angesehen wird[48]. Die Beatles sind dabei in die Rolle der fiktiven Gruppe mit dem Namen „Sgt. Pepper's Lonely Hearts Club Band" geschlüpft, die Lieder u. a. über die Liebe singt. Diese Lieder sind technisch oftmals „zusammengeklebt", d. h. fast alle Tracks gehen ohne Pause ineinander über. Dadurch – und durch weitere Elemente, wie der eingemischte Applaus im Lied *Sgt. Pepper's Lonely Hearts Club Band* – entsteht der Eindruck, es würde sich um ein Livekonzert jener fiktiven Band handeln.

Die Aufnahme war für die damalige Zeit eine vollkomme Neuheit, da man bisher lediglich Alben kannte, die inhaltlich und musikalisch mehr oder weniger voneinander unabhängige

Stücke enthielten und zugegebenermaßen, auch der lange Titel der LP war außergewöhnlich! Er entstand durch eine Idee Paul McCartneys, der den Trend zu langen Bandnamen in den USA entdeckt hatte.[49]

Bevor wir nun zum Cover des Albums gelangen, sei noch erwähnt, dass auch die Auszeichnungen von *Sgt. Pepper* bemerkenswert sind. So erreichte es schon am ersten Verkaufstag die Absatzgrenze für eine Goldene Schallplatte[50] und wurde 1968 für sieben Grammys nominiert, wovon es vier (darunter auch jenen für das „Album des Jahres") gewann. Außerdem blieb es für 23 aufeinanderfolgende Wochen auf Platz 1 der britischen Charts und konnte insgesamt fast ein Jahr in den Hitlisten geführt werden. Die ehrenwerteste Auszeichnung erhielt die Platte dann im Jahr 2003 als das Musikmagazin *Rolling Stone* eine Liste der „500 besten Alben aller Zeiten" veröffentlichte und *Sgt. Pepper* den ersten Platz einnahm.

Wie man sieht, handelt es sich in vielerlei Hinsicht um etwas Besonderes. Wen wundert es da, dass zu einem solchen Album auch ein besonderes Cover gehört?

Für die Zahlenmenschen unter uns sei zunächst erwähnt, dass sich alleine die Kosten für das Cover schon auf £2.868 belaufen haben. Dies entspricht fortgeschrieben und umgerechnet einem heutigen Betrag von etwa 43.489,41 €[51].

Betrachtet man sich einmal die Entstehung des Coverbildes, so verwundern die hohen Kosten kaum. Die Collage, die unter der Leitung Robert Frasers[52] durch Peter Blake[53] und dessen Ehefrau entworfen wurde, sollte neben den Beatles verkleidet als *Sgt. Pepper's Lonely Hearts Club Band* lebensgroße Pappmodelle berühmter Personen der Zeitgeschichte enthalten. Zusammen mit den im Bild vorhandenen Pflanzen und dem Beet, hinter welchem sich die Gruppe samt den Persönlichkeiten versammelt hat, sollte es einen Auftritt der fiktiven Band in einem Park darstellen.

Eine solche Collage herzustellen, stellte sich vor allem aufgrund der rechtlichen Hürden als nicht gerade einfach heraus. Es mussten natürlich alle abgebildeten Personen um Erlaubnis gefragt werden und so gab es einige Fälle, in denen wutentbrannte Schreiben das Ergebnis der Anfrage waren, da verschiedene Leute sich nicht als „Lonely Heart" bezeichnen lassen wollten oder aber weil sie Geld für die Nutzung ihres Abbildes forderten[54].

Außerdem soll es im Team angeblich zu kleineren Reibereien um die konkrete Ausgestaltung der Collage gekommen sein, da

John Lennon sich auch ein Abbild Adolf Hitlers, Jesu und Elvis Presleys für den Kreis der Persönlichkeiten gewünscht hatte.

Für Hitler wurde zwar ein Pappaufsteller produziert, er wurde aber nicht eingesetzt, da man befürchtete, dass die Beatles der Verherrlichung des Nationalsozialismus verdächtigt würden.

Eine Figur für Jesus wurde erst gar nicht hergestellt, da man auch hier wegen der erst wenige Monate alten Aussage John Lennons („Wir [die Beatles, *Anm. d. Autors*] sind nun berühmter als Jesus [...]"[55])weitere negative Pressestimmen fürchtete.

Ein weiteres Problem gab es wegen Mahatma Gandhi. Dieser wurde zwar aufgenommen und bei den Originalaufnahmen abgelichtet, die EMI[56] bekam jedoch kalte Füße und hatte Angst, man würde den Beatles vorwerfen, sich über Gandhi lustig zu machen und so ließ man ihn retuschieren.

Zu guter Letzt musste auch noch der Schauspieler Leo Gorcey nachträglich entfernt werden, da dieser ein Honorar für die Abbildung forderte[57].

Trotz solcher Schwierigkeiten bei der Produktion kann sich das Ergebnis sehen lassen. So sind neben Stan Laurel, Karl Marx und Albert Einstein insgesamt 70 Prominente aus verschiedenen Epochen und Bereichen vertreten. Außerdem sind vier Wachsfiguren der Beatles zu sehen, die man eigens von Madame Tussauds in London ausgeliehen hatte.

Genau hier liegt auch der erste „Hinweis" begraben, der ein Fragment des Gesamtbildes ist, welches die Verschwörungstheoretiker im Cover von *Sgt. Pepper* sehen. Die vier Beatles – gemeint sind also die oben erwähnten Wachsfiguren – sind so gekleidet, als seien sie Gäste einer Beerdigungszeremonie[58]. Weiterhin sind die Köperhaltungen Ringos und Pauls interessant, da diese mit einer traurigen Mimik und gesenktem Kopf auf das vor ihnen liegende Blumenbeet schauen. Diese Tatsache fügt sich sehr gut in das Bild, dass die Theoretiker vom Beet haben. Sie sehen darin die Darstellung eines Grabes, denn auch dieses ist in der Regel mit Pflanzen bestückt und vielmehr noch: Die gesamte Gemeinde der Prominenten könnte die Trauergemeinde darstellen, die sich versammelt hat, um Abschied von einem Toten zu nehmen. Dass es sich bei diesem Toten um Paul McCartney handeln muss, ergibt sich wohl aus der Theorie an sich. Jedoch glaubt man, auch im Blumenbeet Beweise für die Wahrheit von *Paul is dead* gefunden zu haben.

So formen die gelben Blumen im Vordergrund eine Bassgitarre. Dieses Instrument wurde bei den Beatles bekanntermaßen von Paul gespielt. Nun liegt es allerdings auf einem Grab und zudem hat die Gitarre nur noch drei der für einen Bass üblichen vier Saiten[59], was impliziert, dass nur noch drei der vier Bandmitglieder übrig geblieben sind.[60] Es gibt sogar einige Leute, die behaupten, sie könnten in den Blumen den Schriftzug „PAUL?" lesen. Man darf diese Behauptung aber als sehr vage bezeichnen, da der Text keineswegs sehr deutlich erkennbar ist. Nach Meinung des Autors muss man eher etwas Phantasie mitspielen lassen, um hier Buchstaben zu sehen.

Lässt man den Blick nun von den besagten gelben Blumen nach links wandern, so sieht man direkt nebenan (unter dem T des Beatles-Schriftzuges) eine Figur stehen. Sie ist ein Abbild des indischen Gottes *Shiva*, der innerhalb der hinduistischen Trimurti[61] als der Zerstörer gilt. Damit soll hier wieder ein Hinweis auf den Tod gegeben sein. Man muss allerdings auch erwähnen, dass Shiva außerhalb der hinduistischen Trinität viel mehr als die Zerstörung verkörpert. Er stellt hier auch die Schöpfung und den Neubeginn dar. Shivaiten[62] schreiben ihm mitunter sogar die Aufgabe der Erhaltung der Welt zu. Insofern kann dieser „Todeshinweis" mit Sicherheit diskutiert werden.

Betrachten wir uns nun die Anordnung der „Sgt. Pepper's Lonely Hearts Club Band", die im Realen von den Beatles verkörpert wurde. Bei näherem Hinsehen wird auffallen, dass John, Ringo und George etwas abgewandt stehen, während Paul direkt dem Betrachter zugewandt ist. Dadurch entsteht der Effekt, dass Paul zweidimensional wirkt, während die anderen Drei fast schon dreidimensional dargestellt sind. Außerdem erscheint die Anordnung der Hände von Ringo und George so, als müssten sie McCartney festhalten, damit dieser nicht umfällt. Diese Szenerie wird so interpretiert, dass Paul – ebenso wie alle anderen nicht live anwesenden Personen auf dem Cover – wie aus Pappe ausgeschnitten wirkt und die Beatles damit zeigen wollten, dass er nicht mehr bei der Aufnahme des Bildes dabei sein konnte, weil (der wirkliche) Paul tot ist.

Weiterhin hält Paul als einziger ein schwarzes Instrument, eine Oboe, in nur drei Fingern, womit wieder der „Zahlenhinweis" auf die nur noch drei vorhandenen Mitglieder vorhanden zu sein scheint. Die Farbe Schwarz wird oft mit Trauer und Tod in Verbindung gebracht. Zudem ist die Oboe ein Holzblasinstrument, was eine Andeutung auf einen Sarg sein könnte. Dieser Hinweis mag nun etwas schwach erscheinen, aber wir werden sehen, dass ein Sarg noch an mehreren Stellen auftreten wird.

Wenn wir den Blick einmal über McCartney wandern lassen, so sehen wir, dass sich über seinem Kopf eine offene Hand befindet. Nicht nur, dass jene Hand zu Stephan Crane[63] gehört, der mit 28 Jahren verstorben ist; dieses Zeichen, das in vielen Ländern als Todessymbol gilt, ist bereits auf dem Cover von *Revolver*[64] zu sehen.

Eine exakte Anspielung auf McCartneys angeblichen Autounfall findet sich im rechten Teil des Bildes. Dort sitzt eine Puppe mit einem rot-weiß gestreiften T-Shirt, die ein weißes Spielzeugauto[65] in der rechten Hand und in der anderen einen blutverschmierten Handschuh hält, wie er früher von Autofahrern benutzt wurde.

Wer nun denkt, wir seien am Ende der Coveranalyse von *Sgt. Pepper* angelangt, für den gibt es noch einen, den wahrscheinlich raffiniertesten Hinweis von allen existierenden Hinweisen. Hierzu benötigt man als Hilfsmittel einen kleinen Spiegel. Diesen muss man horizontal und mittig auf den Schriftzug „Lonely Hearts" legen. Aus der Spiegelung ergibt sich dann der folgende Text:

„I ONE I X   HE ^ DIE".

Gemäß den Theoretikern stellt "I ONE I" mal wieder auf die Anzahl der Bandmitglieder ab, die nur noch drei beträgt. Das darauf folgende X soll für Paul stehen, der laut der Aussage „He ^ die" tot ist. Interessant ist hierbei, dass der Pfeil zwischen den Wörtern *He* und *die* genau in die Richtung von Paul McCartney zeigt.

Neben dieser Bedeutung der Spiegelschrift gibt es aber noch eine zweite, nicht minder interessante, These. Manche Leute gehen davon aus, dass „I ONE I X HE ^ DIE" für „11 9 HE ^ DIE" steht. Auf „11" kommt man dabei, indem man „I ONE" als 1 und 1 erachtet und die „9" ergibt sich aus „I X", was die römische Zahl IX (= 9) darstellen soll. So könnte es also für das Todesdatum McCartneys, den 9. November 1966, stehen.

Es ist unzweifelhaft, dass diese versteckte Botschaft nicht zufällig entstanden sein kann, sondern technisch perfekt in das Bild eingearbeitet wurde. Alleine diese Tatsache und die Vielzahl der anderen Hinweise, die man auf dem *Sgt. Pepper*-Cover entdecken kann, messen dem Album eine ganz entscheidende Bedeutung bei der *Paul is dead*-Theorie zu. Das dürfte man schon an der Länge dieser Cover-Analyse merken, die deutlich mehr Aspekte beinhaltet als die bisherigen Betrachtungen früherer Titelseiten.

2.1.3.2 Booklet

Anders als bei den vorherigen Aufnahmen sind bei *Sgt. Pepper's Lonely Hearts Club Band* noch einige Worte zum Booklet[66] zu sagen. Auch dieser Teil des Albums hat musikwissenschaftliche Bedeutung erlangt, denn es war das erste Mal in der Geschichte, dass auf einer Platte sämtliche Texte der enthaltenen Lieder abgedruckt wurden.

In der Innenhülle finden sich des Weiteren mehrere Fotoaufnahmen der Beatles als *Sgt. Pepper's Lonely Hearts Club Band* und genau hier sind auch wieder verschiedene Beweise der Verschwörungstheoretiker zu finden.

Es gibt zum Beispiel ein Bild, auf welchem die Beatles nebeneinander sitzen und man eine schwarze Binde an McCartneys linkem Arm erkennen kann. Einige Leute behaupten, dass darauf die Abkürzung „O. P. D." zu lesen sei, welche „Officially Pronounced Dead"[67] bedeutet. Mehreren Quellen zufolge handelt es allerdings um eine Binde mit der Aufschrift „O. P. P.", was für „Ontario Provincial Police" steht. McCartneys Arm befindet sich auf der Abbildung wohl nur in einem solch ungünstigen Winkel, dass man den unteren Teil des letzten „P" nicht erkennen kann und dadurch leicht geglaubt wird, es handele sich um ein „D". Nichtsdestotrotz stellt diese scheinbare Fehlinterpretation kein Problem für die Verschwörungstheorie dar. Anhänger von *Paul is dead* interpretieren einfach den wirklichen Schriftzug für ihre These um und sagen, dass William Campbell vor seiner Karriere als Paul McCartney-Double als Polizeibeamter in Kanada tätig gewesen sei[68]. Demnach läge hier ein weiterer Hinweis auf die Richtigkeit der Theorie vor.

Gelangen wir nun zur Rückseite der Schallplatte[69], auf welcher – wie schon erwähnt – sämtliche Liedtexte abgedruckt sind. Hier deutet George Harrison auf einem Bild mit einem Finger auf eine Textzeile aus *She's Leaving Home*, in welcher es heißt: „*Wednesday morning at five o'clock*". Angeblich soll McCartney eben zu jener Zeit, nämlich an einem Mittwochmorgen um fünf Uhr[70], gestorben sein. Mitunter wird die Uhrzeit aber auch als Unfallzeit angegeben, was natürlich nicht zwangsläufig mit dem exakten Todeszeitpunkt übereinstimmen muss.

Auf derselben Aufnahme steht Paul außerdem mit dem Rücken zum Betrachter und wirkt dadurch größer als John, George und Ringo. Dies könnte bedeuten, dass er nicht mehr anwesend sondern sozusagen in den „Himmel" aufgestiegen ist.

Bei näherem Hinsehen wird zudem auffallen, dass die drei anderen Beatles mit Hilfe ihrer Hände Buchstaben formen. So ergibt sich von links nach rechts gelesen: L (George), V (John), E (Ringo). Es fehlt also nur das (von Paul zu formende) O, um das Wort „LOVE" zu komplettieren. Der fehlende Buchstabe könnte somit für die Lücke stehen, die McCartney mit seinem Tod hinterlassen hat.

2.1.3.3 Songtexte

Sgt. Pepper's Lonely Hearts Club Band

Schon das erste Lied des Albums enthält eine sehr interessante Stelle im Bezug auf *Paul is dead*. Direkt am Ende der ersten Strophe stellt *Sgt. Pepper*, der in die fiktive Show der Band einführt, einen gewissen *Billy Shears* vor, der das darauf folgende Lied *With A Little Help from my Friends* interpretieren wird.

Eigentlich war Billy Shears der Alias von Ringo Starr auf diesem Album, aber die Verschwörungstheoretiker sehen eine ganz andere Bedeutung in diesem Namen. Ihren Angaben zufolge ist er wieder ein Beweis für die Richtigkeit der Theorie, da Billy die englische Koseform des Namens William ist und eben jener angebliche Nachfolger Paul McCartneys William Campbell[71] hieß. Des Weiteren ist der Name Billy Shears vermutlich aus dem Wortspiel „Billy is here" entstanden, was übersetzt bedeutet: „Billy (*oder eben William*) ist hier."

Zur Entstehung des Songs ist noch zu sagen, dass McCartney auf dem Rückflug aus einem Urlaub über die Idee der *Lonely Hearts Club Band* und des dazugehörigen Albums nachdachte. Der finale Einfall kam dann, als sein Sitznachbar Mals Evans[72] ihn fragte, welche Bedeutung die Buchstaben S und P auf den kleinen Gefäßen, die sich beim Essen befanden, hätten. Paul antwortete ihm, dass dies für *Salt* und *Pepper* stünde und so kam er zu *Sgt. Pepper* was den Titel abrundete.[73]

Passend zum Konzeptalbum hatte man außerdem die Idee, dass *Sgt. Pepper* der Moderator des Konzertes ist, der die Band ankündigt und den Auftritt später wieder beendet. Folglich musste *Sgt. Pepper's Lonely Hearts Club Band* der Eröffnungstrack sein.

Für das Ende zeichnete man den Song übrigens wieder auf; diesmal jedoch in einer sogenannten Reprise-Version. Hier ist der Text umgeschrieben[74] und die Melodie dahingehend verändert, dass es rockiger klingt. Erreicht wurde das vor allem durch das Anzählen McCartneys zu Beginn des Stückes (ähnlich wie es auch bei *I Saw Her Standing There* der Fall ist), sowie durch die dominanten Beats des   Schlagzeugs. Die Reprise-Version wird für die hier besprochene Thematik allerdings keine Relevanz haben.

She's Leaving Home

She's Leaving Home ist neben Liedern wie *Eleanor Rigby* oder *The Inner Light* einer der wenigen Songs, bei dem Beatles selbst kein einziges Instrument einspielten, sondern lediglich den Gesang übernahmen. Außerdem ist der Song insofern etwas Besonderes, als dass es das erste nicht von George Martin[75] arrangierte Stück der Fab Four ist und zum ersten Mal eine Frau einen Teil eines Beatles-Musikstückes einspielte[76].

Der Inhalt des Liedes handelt von einem Mädchen, das heimlich das Zuhause verlässt und den Eltern nur eine kurze Notiz hinterlässt, welche diese später finden. Während Vater und Mutter in Sorge sind, bewegt sich die Tochter immer weiter vom ehemaligen Zuhause fort, um ihr eigenes Leben zu beginnen.

Geschrieben wurde der Text gemeinsam von McCartney und Lennon. Paul bekam die Idee dazu aus einem Zeitungsartikel des *Daily Mirror*, in dem von der damals 17-jährigen Melanie Coe berichtet wurde, die aufgrund ihrer Schwangerschaft von zu Hause ausgerissen war, obwohl sie zu Hause „alles hatte, was sie brauchte", wie die Eltern damals gegenüber der Presse angaben.

Auch wenn es Differenzen zwischen der realen Geschichte und dem Liedtext gibt, so wurde Paul doch zu größten Teilen von diesem Vorfall inspiriert[77]. Ausschlaggebend könnte auch die Tatsache gewesen sein, dass er Melanie Coe durch ein Treffen in einer Popshow bereits kannte[78] und ihn der Artikel über ihr Verschwinden dadurch besonders berührt haben muss.

Für *Paul is dead* ist in diesem Lied ein Teil der ersten Textzeile wichtig: „*Wednesday morning at five o'clock [...]*". McCartney soll nach diversen Varianten der Todesgeschichte an einem Mittwochmorgen um fünf Uhr gestorben sein[79]. Somit liegt hier scheinbar wieder eine Verknüpfung zu seinem Ableben bzw. ein Hinweis darauf vor. So sehen es zumindest diejenigen, die an jene Verschwörung glauben.

Lovely Rita

Obwohl dieser Song, wie nahezu alle anderen Beatles-Songs, unter dem Copyright *Lennon/McCartney* veröffentlicht wurde, stammt er doch einzig und allein aus McCartneys Feder.

Er handelt von einer Politesse, für die das lyrische Ich Gefühle empfindet, die nun im Lied ausgedrückt werden. Dabei soll der Inhalt auf einer tatsächlichen Situation vor den Abbey Road Studios in London beruhen, bei der eine Politesse namens *Meta Davis* einen Strafzettel wegen Falschparkens für Paul ausstellte. Anstatt sich aufzuregen blieb er aber scheinbar gelassen und akzeptierte die Strafe mehr oder weniger wohlwollend. Damit wäre auch der sehr lieb anmutende Inhalt des Liedes erklärbar, denn immerhin gehören Politessen zu einer Berufsgruppe, der im Schnitt nicht gerade zuneigungsvoll gegenübergetreten wird. Insofern könnte man eher einen hämischen Text als ein Liebesgeständnis à la *Lovely Rita* erwarten.

Die Aufnahmen erfolgten im Zeitraum von Februar bis April 1967, wobei zunächst vier Instrumentalspuren eingespielt wurden, bevor in weiteren Schritten der Leadgesang, die Basslinie, weitere Hintergrundgesänge sowie das zweite Piano, welches von George Martin gespielt wurde, hinzugefügt wurden. Nachdem dann im April die Stereoabmischung erfolgt war, erschien das Lied am 1. Juni d. J. auf *Sgt. Pepper's Lonely Hearts Club Band.*
Während der Aufnahmen waren übrigens *Pink Floyd* anwesend[80].

Erinnert man sich an die Geschichte aus der Campuszeitung der University of Michigan, so wird man schnell auf eine Gemeinsamkeit aus dem Artikel mit dem vorliegenden Liedinhalt stoßen: Die Politesse. Laut dem Artikel starb McCartney deshalb, weil er einer hübschen Politesse nachschaute und dadurch die rote Ampel übersah.[81] Deshalb wird dieser Song in Verschwörungskreisen ebenfalls als Beleg angeführt. Insbesondere der Textstelle „*When I caught a glimpse of Rita*"[82] wird hierbei große Bedeutung zugemessen, da wie oben beschrieben eben jener Blickkontakt zum Unfall geführt haben soll.

Good Morning, Good Morning

Hier haben wir es wieder mit einem Lennon-Song zu tun, der seine Existenz einem TV-Werbespot des amerikanischen Cornflakes-Herstellers *Kellog's* zu verdanken hat. In der Melodie des Spots kam unter anderem der Text „Good morning, good morning" vor und so schrieb John einen Text über einen menschlichen Tagesablauf[83], der mit dem eher widerwilligen Gang zur Arbeit beginnt[84], auf welchem man Leuten begegnet, die noch nicht ganz wach sind[85]. Später gegen Nachmittag –

wenn in Großbritannien die Teezeit eingeläutet wird – beginnt dann das richtige Leben und die Müdigkeit des Morgens scheint bei allen Menschen vergessen zu sein.[86] Letztendlich besucht man dann abends noch irgendeine Veranstaltung[87] und der Tag neigt sich wieder zum Ende entgegen. Bis dann ein neuer Tag beginnt…

Auch wenn die Aufnahme vom Inhalt nicht weiter hervorzuheben ist, so ist sie doch technisch erwähnenswert. Lennon schrieb das Stück im eher unüblichen 5/4-Takt, der dann über einen Zwischenschritt im ¾- schließlich in einen 4/4-Takt übergeht. Diese Zeiteneinteilung ist für Beatles-Aufnahmen sehr ungewöhnlich, aber genau diese Tatsache macht *Good Morning, Good Morning* auch zu einem für sich besonderen Stück.

Übrigens waren trotz des Taktes und auch trotz der „Special effects", wie den eingemischten Tiergeräuschen vom bellendem Hund und dem krähendem Hahn, nur acht Takes notwendig bis die fertige Albumversion stand.

Für *Paul is dead* ist der Song die ergiebigste Hinweisquelle von allen Songs auf *Sgt. Pepper*.

Dies beginnt zunächst bei den Zeilen „*Nothing to do to save his life*"[88] und „*You are on your own, you are in the street*"[89]. Jene Stellen sollen wieder eine Anspielung auf den Autounfall sein, da dieser logischerweise auf einer Straße passiert sein muss und zudem soll er so schwer gewesen sein, dass Paul keine noch so kleine Überlebenschance hatte.

Eine weitere Verknüpfung zu den angeblichen Daten des Unfalls findet sich dann einige Zeilen weiter in der vorletzten Strophe. Dort heißt es, dass es fünf Uhr ist und die Menschen in der Gegend umherlaufen[90]. McCartneys Unfall soll, wie schon des Öfteren festgestellt, auch um fünf Uhr passiert sein. Allerdings muss man zur Entkräftung dieses Hinweises daran erinnern, dass der Autounfall um fünf Uhr in der Früh passiert sein soll, während sich aus dem Liedtext von *Good Morning, Good Morning* zweifelsfrei ergibt, dass in dieser Strophe fünf Uhr nachmittags gemeint ist.

Eine Verbindung zur Politesse sehen Verschwörungstheoretiker dann noch bei der Stelle „*Watching the skirts, you start to flirt, now you're in gear*"[91]. Den letzten Teil (*in gear*[92]) sehen sie dabei als Anspielung darauf, dass Macca im Auto saß, als er ihr hinterher schaute.

A Day in the Life

Kommen wir nun zu einem Stück, das etwas mit *Good Morning, Good Morning* gemeinsam hat: Auch hier kam die Inspiration von einem Zeitungsartikel.

John Lennon saß mit einer Ausgabe der *Daily Mail* vor dem Klavier und las einen Bericht über den jungen Tara Browne[93], der im Dezember 1966 bei einem Autounfall ums Leben gekommen war[94]. Daraus entstand dann die erste Strophe, die eben jenen Unfallhergang beinhaltet.

In der zweiten Strophe, in der Lennon davon schreibt, dass die englische Armee einen Krieg gewinne, wird auf den Antikriegsfilm *Wie ich den Krieg gewann*[95] angespielt, in dem Lennon ein Vierteljahr zuvor als einer der Hauptdarsteller mitgewirkt hatte. Mitunter gibt es auch Interpretationen wonach John mit diesem Text auf den Vietnamkrieg anspielen wollte. Diese Vermutung wurde jedoch nie wirklich belegt.

Das nun folgende Zwischenstück wurde von McCartney beigesteuert, der diesen Teil zunächst unabhängig von *A Day in the Life* geschrieben und dabei an seine Zeit als Schüler gedacht hatte[96], zu der ein typischer Tagesablauf in Form des frühmorgendlichen

Aufstehens mit dem Zurechtmachen, dem Eilen zum Bus und dem nachmittäglichen Rauchen gehörte. An dieser Stelle ist aber mit der Beschreibung des In-einen-Traum-Fallens ein psychedelischer Anteil im Lied zu erkennen. Eine weitere Anspielung dieser Art ist auch an der Stelle „*I'd love to turn you on*"[97] zu erkennen.[98] Dies war auch der Grund warum das Lied von der BBC[99] anfangs nicht gesendet wurde, denn dort ging man davon aus, der Titel würde Drogen verherrlichen.

Die letzte Strophe wurde dann wieder von John Lennon komponiert, der den Inhalt wiederum der besagten Ausgabe der *Daily Mail* entnommen hatte. Dort las er eine Meldung über eine ellengroße Anzahl von Schlaglöchern in den Straßen von Blackburn, einer Stadt in der nordenglischen Grafschaft Lancashire[100]. Ergibt die Strophe in Verbindung mit der Stelle „*Now they know how many holes it takes to fill the Albert Hall.*" eigentlich keinen Sinn, so ist die Entstehung dieses Abschnittes doch recht einfach zu erklären: Unterhalb des Zeitungsartikels über die Straßenschäden in Blackburn fand sich ein Bericht über eine Künstlerin, die in der Royal Albert Hall, einer traditionsreichen Veranstaltungshalle im Londoner Stadtteil Kensington, aufgetreten war. Diese Meldungen wurden dann zu einer Strophe zusammengemischt, die nach Worten McCartneys „hübsch klang"[101].

Die Aufnahmen zu *A Day in the Life* zählen zu den aufwändigsten und teuersten Produktionen der Band. Das liegt vor allem daran, dass die Überleitung, die in der Mitte des Liedes und am Ende zu hören ist, von einem Symphonieorchester eingespielt werden sollte. Paul wollte hierfür ein zunächst 90-köpfiges Orchester, welches dann – wahrscheinlich aus Kosten- und organisatorischen Gründen – jedoch auf 40 Musiker reduziert wurde.

Um dennoch die gewünschte Klangfülle zu erreichen, wurde das Crescendo[102], welches auf der für das jeweilige Instrument tiefsten Note beginnt und nach 24 Takten in einem E-Dur-Akkord endet, per Overdubbing[103] zweimal verdoppelt, so dass in der finalen Aufnahme letztendlich 160 Instrumente zu hören sind.

Eine weitere Schwierigkeit bestand darin, das Ende des Liedes zu spielen. Nachdem die Idee, das Stück mit einem von den Beatles gesummten Akkord enden zu lassen, nach mehreren Overdub-Aufnahmen verworfen wurde, wollte man den E-Dur-Akkord eines Klavieres am Ende hören. Dieser sollte sehr imposant sein und deshalb musste der Gleichklang so lange wie möglich nachklingen. Um dies zu erreichen, spielten John Lennon, Paul McCartney, Ringo Starr, Mal Evans und George Martin den Akkord auf drei Klavieren so laut wie möglich. Da es sich um eine gleichzeitige Aufnahme handelte, wurde schnell klar, dass auch diese Aufgabe ein kompliziertes Unterfangen sein wird. Letztendlich benötigten alle Fünf mehrere Versuche, um die Tasten der Klaviere wirklich gleichzeitig zu betätigen. Aber selbst zu diesem Zeitpunkt waren nicht alle Probleme beseitigt. Da die Klänge eines Klaviers stetig in der Lautstärke abnehmen, musste die Aufnahmelautstärke auf einem hohen Level gehalten werden, um am Ende überhaupt noch etwas von den Klavieren wahrnehmen zu können. Dies führte dazu, dass zum Schluss hin etwas wie eine gewisse „Geräuschempfindlichkeit" eintrat und man auf den Originalaufnahmen Papierrascheln und Quietschgeräusche eines Stuhles hört. Zudem ist ein „Shhhhhhhhh" zu hören, welches einer der Beteiligten vermutlich als Anweisung ruhig zu bleiben von sich gegeben hatte.

Eine weitere Besonderheit liegt in für den Menschen nicht hörbaren Tönen am Ende des Stückes. Dort wurden Sounds eingefügt, die in einem Frequenzbereich liegen, der über die Wahrnehmung des Menschen hinausgeht. Die Beatles wurden hierzu durch ein Gespräch über Frequenzen inspiriert, das Toningenieure in einer Pause führten. Sie fanden die Idee, diese Töne einzubauen lustig, denn sie dachten, dass man nicht nur dem menschlichen Hörer etwas Gutes tun sollte, sondern dass auch sein Hund etwas von einer Beatles-Aufnahme haben sollte.[104]

Die Bedeutung des Liedes für die Verschwörungstheorie wird sich manch ein Leser schon am Anfang dieses Abschnittes gedacht haben und er bzw. sie hat damit Recht!

Die einzige und gleichzeitig auch sehr bedeutende Stelle findet sich gleich am Anfang in der Beschreibung des Autounfalls von Tara Browne. Wie wir bereits zu genüge erfahren haben, soll Paul McCartney ebenfalls in einem Auto verstorben sein und so werten Anhänger der Theorie diese Strophe nicht als Beschreibung des Unfalls von Browne sondern vielmehr als eine glasklare Beschreibung des McCartney-Unfalls und damit als unverblümtes Eingeständnis der Band für seinen Tod. Vor allem die Beschreibung, dass der Fahrer das Umschalten der Ampel nicht bemerkt hatte[105] soll ein unverwechselbares Charakteristikum sein. Interessanterweise glauben die Anhänger außerdem, dass man mit der Anspielung auf das britische Oberhaus und der beschriebenen Unsicherheit der gaffenden Menschenmenge über die Bekanntheit des Unfallopfers auf die Popularität McCartney anspielte[106]. Dass sich die Menschen jedoch nicht sicher waren, ob sie das Opfer kannten, soll dafür sprechen, dass der Unfallhergang so tragisch war, dass Paul – wie auch im berühmten Campus-Artikel von Michigan[107] beschrieben – nicht mehr anhand des Aussehens identifiziert werden konnte.

Natürlich ist auch dieser „Beleg" zweifelhaft, denn es waren die Beatles selbst, die in ihrer Autobiographie *The Beatles Anthology* beschrieben[108], dass sie von Tara Brownes Unfalltod inspiriert wurden. Da Browne mit der Band befreundet war, ist diese Erklärung durchaus plausibel und so muss man wohl eher davon ausgehen, dass dem Text keine weitere Bedeutung zuzumessen ist.

2.1.4 Magical Mystery Tour

Bereits kurz nach dem Ende der Arbeiten an *Sgt. Pepper* begannen die Beatles im April 1967 mit den Aufnahmen für *Magical Mystery Tour*, dem Soundtrack zum gleichnamigen Film, der innerhalb von gerade einmal zwei Monaten abgedreht wurde. Basierend auf einer Anregung von Paul McCartney wurden die Beatles auf einer psychedelischen Busreise begleitet. Es war das erste Mal, dass die Gruppe das Drehbuch – obwohl es keinen wirklich festgelegten Handlungsstrang gab – geschrieben und selbst bei einem Film Regie geführt hatte. Es mag die Unerfahrenheit der Beatles in diesem Bereich, mit Sicherheit aber auch der befremdliche Humor des Films gewesen sein, der diesen Streifen zu ihrem ersten großen Misserfolg werden ließ. Vielfach wird auch das Fehlen Brian Epsteins[109] als Einflussfaktor für die undisziplinierte Produktion und die daraus folgende inhaltliche Qualität gesehen.

Das Musikalbum war jedoch erfolgreich und wurde 1968 für den Grammy als bestes Album vorgeschlagen. In den USA konnte sich der Soundtrack außerdem acht Wochen an der Spitze der Hitparade behaupten.

2.1.4.1 Cover

Magical Mystery Tour wurde in zwei Versionen, einer amerikanischen und einer britischen, veröffentlicht. In den USA wurde eine LP[110] mit 11 Titeln herausgegeben, während im Vereinigten Königreich eine zweiteilige EP[111] mit je drei Songs erschien. Beide Veröffentlichungen hatten daher auch verschiedene Covers. Allerdings ist dies im Folgenden weniger relevant, da sich die Frontbilder lediglich darin unterscheiden, dass das Gesamtbild der EP auf der LP verkleinert und zentriert platziert wurde. Im dadurch gewonnen Freiraum wurden auf der LP die enthaltenen Titel aufgelistet. Dies ist aber wie erwähnt zu vernachlässigen, da sich die für *Paul is dead* relevanten Dinge auf dem zentralen Foto befinden.

Dort sieht man die Beatles in Tierkostümen, die sie auch im Musikvideo zu *I am the Walrus* trugen. Unter ihnen befindet sich der Name des Albums in Regenbogenform mit den dazu passenden Regenbogenfarben. Um die Gruppe herum sind viele bunte Sterne zu sehen und schließlich bildet eine Ansammlung von gelben Sternen das Wort „BEATLES". Hier kommt auch schon unsere Verschwörungstheorie zum Zuge, nach der (zugegebenermaßen mit sehr viel Phantasie, da zum Beispiel die drei jeweils umgedreht ist) die gelben Sterne die Nummer 5371638 bilden sollen. Nun wird angenommen, dass es sich hierbei um eine Telefonnummer handeln soll und so wird mitunter proklamiert, dass man in den 1960er-Jahren ein Beerdigungsinstitut erreicht hat, wenn man diese Ziffernfolge auf einem Telefon gewählt hatte. Ergo soll auch dies wieder ein Todeshinweis sein.

Freilich hinkt diese Behauptung alleine schon deswegen, weil keine Quelle zu finden ist, die angibt, in welcher Stadt diese Telefonnummer zu einem Bestattungsunternehmen gehört haben soll. Es ist daher ein Leichtes zu behaupten, dass dem so war. Oder fiele es Ihnen schwer, gegenüber einem anderen zu behaupten, dass die Telefonnummer 123456 zu einem Pizza-Heimservice in irgendeiner deutschen Stadt gehört? So lange Sie sich nicht auf eine konkrete Stadt oder Gemeinde beziehen, wird es Ihr Gegenüber schwer haben, das Gegenteil Ihrer Aussage zu beweisen.

Das US-amerikanische Musikmagazin *Rolling Stone* hat bereits Ende der 1960er-Jahre auf diese Problematik hingewiesen[112].

2.1.4.2 Booklet

Wie schon im Kapitel über *Sgt. Pepper's Lonely Hearts Club Band* müssen wir auch bei diesem Album auf das Booklet (heutige CD-Version) bzw. die Plattenhülle eingehen.

Dort gibt es eine Collage mit Szenen aus dem Film *Magical Mystery Tour*. Unter anderem ist eine berühmte Szene zu sehen, bei der die Beatles in weißen Anzügen gekleidet das Lied *Your Mother Should Know* aufführen.

McCartney trägt hierbei im Gegensatz zu John, George und Ringo keine rote sondern eine schwarze Nelke. Die Nelke selbst ist im mitteleuropäischen Raum als Allegorie für Trauer bekannt; genauso wie die Farbe Schwarz ein ebensolches Symbol darstellt. Diese beiden miteinander verbundenen Zeichen sollen daher wieder ein dezenter Hinweis auf Pauls angeblichen Tod sein. McCartney hat diese Bedeutung in einem früheren Interview jedoch dementiert.[113]

Auf einem weiteren Foto ist McCartney hinter einem Schreibtisch sitzend zu sehen. Dabei steht vor ihm ein Namensschild, das die Aufschrift „I Was"[114] trägt. Außerdem hängen an der hinter ihm befindlichen Wand zwei britische Nationalflaggen, die übereinander gekreuzt sind. Angeblich werden die Flaggen bei militärischen Trauerfeiern ebenfalls gekreuzt.

Weil das Booklet ziemlich viele Abbildungen enthält, sind wir noch nicht am Ende der Betrachtungen angelangt.

Auf der nächsten „bedeutungsvollen" Fotografie ist John Lennon vor einem fiktiven Kartenverkaufsstand für die „Magical Mystery Tour" zu sehen. Im Hintergrund ist die Startzeit der Reise, jedoch kein Ankunftszeitpunkt genannt. Interpretiert soll das für den Tod stehen, dessen „Beginn" man durch den Todeszeitpunkt eines Menschen ausdrücken kann. Es gibt fernab von religiösen Aspekten jedoch kein definiertes Ende dieses Zustands und ein Toter kehrt eben nicht zu den Lebenden zurück.

Ein Aspekt, der ebenfalls mit dem menschlichen Tod zu tun hat, findet sich dann noch in der unteren rechten Ecke der Aufnahme. Dort steht der Spruch „The best way to go is by M&D Co.". Einige Leute behaupten, dass das angebliche Bestattungsunternehmen, welches man unter der Telefonnummer des Frontcovers erreicht haben soll[115], in den 1960er-Jahren unter „M&D Company" firmiert habe.

Eine Anspielung auf die Verletzungen durch den Autounfall sehen Verschwörungstheoretiker in einem

Zeichentrickbild für den Song „Fool on the Hill". Das letzte L des Wortes Hill ist dabei verlängert und durchtrennt den Kopf des gezeichneten Paul McCartneys. Möglicherweise erlitt McCartney bei dem heftigen Zusammenprall seines Wagens mit dem anderen Fahrzeug schwerste Kopfverletzungen und so könnte dies tatsächlich ein Verweis auf den Unfall sein.

Die nächsten beiden Aufnahmen des Heftchens entstanden im Zusammenhang mit dem Lied *I Am the Walrus*. Zunächst sind die Beatles auf dem ersten Bild in ihren Walrus-Kostümen zu sehen. Sie spielen scheinbar auf ihren Instrumenten während im Hintergrund je eine Reihe von weiß gekleideten Ärzten und eine Reihe von Polizisten zu sehen ist. Die Polizisten stehen dabei erhöht auf einem übergroßen Stein, der wie ein umgefallener Grabstein wirkt. Die Polizisten und Ärzte passen natürlich wieder gut ins Bild eines Autounfalls, denn sind es nicht zuletzt diese Berufsgruppen, die am stärksten an einem solchen Ereignis beteiligt sind. Die Polizei kümmert sich um die Absicherung der Unfallstelle, nimmt den Vorfall rechtlich auf und untersucht den Hergang.

Die Ärzte wiederum sind für die Lebensrettung zuständig, in diesem Fall natürlich für das Leben des Paul McCartney.

Die große Anzahl von Ärzten auf dem Foto sehen Verschwörungstheoretiker wieder als Hinweis auf die Schwere des Unglücks. McCartney muss also tatsächlich so schwer verletzt gewesen sein, dass sich mehrere Mediziner um ihn kümmern mussten. Andererseits könnte man die große Anzahl ähnlich dem Spruch „Viele Köche verderben den Brei." negativ sehen und so wird mitunter behauptet, dass das Bild auch dafür stehen soll, dass eine zu große Anzahl von Rettungskräften Mitschuld an Pauls Tod trägt.

Die zweite Abbildung, die den Filmaufnahmen zum Clip von *I Am the Walrus* entstammt, zeigt die vier Beatles beim Spielen des Liedes im Freien[116]. Hierbei spielt John Lennon am Flügel, George Harrison die Gitarre, Paul McCartney den Bass und Ringo Starr sitzt am Schlagzeug. Paul steht dabei lediglich in Socken auf dem Platz während seine Schuhe links neben dem Schlagzeug abgestellt sind. Vergrößert man die Aufnahme z. B. mit einer Lupe, so sind auf den schwarzen Schuhen rote Farbvermischungen zu erkennen, die wie laufendes Blut wirken. Dass McCartney keine Schuhe an hat, wird vor allem im britischen Raum als Todeszeichen gewertet, denn dort ist es üblich, dass man Tote barfuß[117] bestattet[118]. Ein weiteres interessantes Detail kann man ebenfalls am besten in der Vergrößerung erkennen. Auf dem Resonanzfell der Großen Trommel von Ringos Schlagzeug ist anstatt des üblichen „The Beatles"-Logos der Satz „Love the 3 Beatles" zu lesen. Ähnlich wie wir später beim Text von *Come Together* sehen werden[119], wird hier vermutet, dass nur noch 3 der 4 originären Beatles vorhanden sind[120]. Einer, Paul McCartney, ist eben nicht mehr da.

Auf dem letzten Bild des Booklets ist Paul McCartney zusammen mit einer Menschenmasse jubelnd zu sehen. Vergrößert man den Bildteil, auf dem McCartney zu sehen ist, so ist zu erkennen, dass ein Mann, der diagonal hinter Paul steht, wie viele andere auch seine Hände nach oben hält. Eine Hand befindet sich dabei genau über Pauls Kopf. Ähnlich wie bei der Hand von Stephan Crane, die auf dem *Sgt. Pepper*-Cover über Pauls Kopf schwebt[121], wird auch hier die Hand als Todessymbol interpretiert.

Auf einem weiteren Foto, welches im Gegensatz zu allen anderen im Booklet vorhandenen Abbildungen nicht dem *Magical Mystery Tour*-Film entstammt, sind mehrere Menschen an einer gedeckten Tafel zu erkennen. Dreht man das Bild im Uhrzeigersinn um 90 Grad und fügt etwas

Unschärfe ein, so soll hier – zugegebenermaßen muss man dafür wirklich ein gewisses Vorstellungsvermögen besitzen – ein Totenkopf zu erkennen sein, der im oberen Bereich beschädigt resp. verletzt ist. Folgt man der Logik der Verschwörungstheorie, so könnte dies abermals ein Hinweis auf die Kopfverletzungen McCartneys und damit auch auf den Autounfall sein.

2.1.4.3 Songs

I Am the Walrus

Das Lied, welches dem zwischen 1965 und 1969 bedeutsamen Genre des Psychedelic Rock zuzuordnen ist, wurde – basierend auf drei Ideen – nahezu alleine von John Lennon arrangiert. Zunächst bekam Lennon die Idee zu dem Lied als er in seinem damaligen Haus in Weybridge Polizeisirenen hörte. Daraufhin schrieb der die Zeile „*Mister city policeman*" zum Rhythmus einer Sirene nieder. Diese Zeile findet sich dann auch in *I Am the Walrus*. Die zweite Idee war ein Reim darüber, dass er in seinem Garten sitzt[122].

Der letzte Einfall war dann ein unsinniger Reim darüber, auf einem Cornflake zu sitzen[123].

Da Lennon jene drei Überlegungen nicht in einzelne Songs aufteilen konnte, fasste er sie einfach zu einem Ganzen zusammen. Betrachtet man sich die drei Ideen, so dürfte einem klar sein, dass dabei wahrscheinlich nur ein etwas wirres – um nicht zu sagen zusammenhangsloses – Lied entstehen kann. Um das noch zu verstärken, baute John noch einen weiteren verwirrenden Text ein. Auf diese Idee kam er, als ihm ein Schüler der Quarry Bank Grammar School schrieb, dass der Lehrer seiner Klasse ihnen die Interpretation von Beatles-Texten aufgetragen habe. Daraufhin wollte Lennon eine Strophe verfassen, die so eigentümlich wie irgend möglich sein sollte. Nachdem er Peter Shotton, ein früheres Mitglied der *Quarrymen*[124] nach seinem unsinnigsten Reim aus Kindertagen gefragt hatte, entstand die Strophe rund um *„Yellow matter custard dripping from a dead dog's eye*"[125]. Auch der Titel *I Am the Walrus* entstammt den Gedankenspielen mit Shotton.

Veröffentlicht wurde das Lied dann am 24. November 1967 als B-Seite von *Hello, Goodbye*. Später war es natürlich auf *Magical Mystery Tour* zu finden und kam auch im gleichnamigen Film vor.

Auch hier fanden die Verschwörungs-theoretiker wieder viel Stoff für ihre Behauptungen.

So könnte die Stelle *„Sitting on a cornflake, waiting for the van to come.*" wieder ein Hinweis auf den Unfall sein. Cornflake wäre dabei eine Referenz auf den Unfallzeitpunkt, der in den frühen Morgenstunden – oder genauer gesagt um fünf Uhr in der Früh – passiert sein soll[126] und der Van könnte für den heraneilenden Rettungswagen stehen.

„Goo goo g'joob"[127] wurde dem Roman

Finnegans Wake von *James Joyce*[128] entnommen und hier setzt auch die Verschwörungstheorie an. Demnach sagt *Humpty Dumpty*[129] diese Worte kurz bevor er von einer Mauer fällt und mit seinem Kopf aufschlägt. Dies würde auch wieder zum Autounfall passen, denn dabei soll Paul schwere Kopfverletzungen erlitten haben, die womöglich zum Tode führten.[130] Ebenfalls stimmig zu diesem Bild soll dann auch die Passage „*Pretty little policeman in a row.*" sein. Sie könnte eine Beschreibung für die vielen Polizisten sein, die im Zuge des Unfalls im Einsatz waren und dort eine Kette um den Ort der Tragödie bildeten, um die Schaulustigen fernzuhalten.

Strawberry Fields Forever

Strawberry Fields ist manchem New York-Reisenden vielleicht ein Begriff. Dort ist nämlich ein Teil des Central Parcs so benannt. Exakt gegenüber des Dakota Building – der letzten Wohnstätte John Lennons und zugleich Tatort des Mordes an ihm – gelegen, wurde hier zum Gedenken an diesen großartigen Musiker eine 10.000 m² große Fläche am 9. Oktober 1985, dem 45. Geburtstag Lennons, in

Anlehnung an den Beatles-Song umbenannt. Alle Blumen in diesem Bereich sind von seiner Witwe Yoko Ono gestiftet[131] und es wurde ein Bodenmosaik geschaffen, das aus einem runden Kreis besteht, in dessen Mitte das Wort „IMAGINE" zu lesen ist. Noch heute ist das Mosaik eine zentrale Pilgerstätte für Lennon-Fans aus aller Welt und so verwundert es auch nicht, dass man dort des Öfteren Dinge wie Blumendekorationen (oft in Form eines Peace-Zeichens) oder angezündete Kerzen vorfindet.

Neben dieser Bezeichnung steht *Strawberry Field* aber auch für ein ehemaliges Waisenhaus im Liverpooler Stadtteil Woolton. Erstmals erwähnt wurde das Anwesen 1870, wobei es erst ab 1934 der Heilsarmee als Kinderheim diente. Lennon, der in der Nähe bei seiner Tante Mary Elizabeth „Mimi" Smith lebte, spielte während seiner Kindheit oftmals auf dem Gelände von *Strawberry Field* und besuchte regelmäßig das jährlich stattfindende Sommerfest.

Aus jenen Kindheitstagen hatte John auch die Anregung für den Song *Strawberry Fields Forever* gewonnen. Passenderweise wurde der Song als B-Seite von *Penny Lane* veröffentlicht, so dass zwei Beatles in je einem Stück – John durch *Strawberry Fields Forever* und Paul durch *Penny Lane* – mit einem etwas sehnsüchtigen Blick auf ihre Kinder- und Jugendtage in Liverpool zurückblickten.

Das für unser Thema wichtigste Teilstück des Liedes findet sich übrigens ganz am Ende desselben. Dort kann man John sprechen hören. Gemäß *Paul is dead* sagt er an jener Stelle „I buried Paul."[132] Sowohl McCartney als auch Lennon sagten später aber, dass in Wirklichkeit „Cranberry Sauce" gesagt wurde. Dies soll sogar sehr gut auf der im Oktober 2010 erschienen Remastered-Version des Blauen Albums[133] herauszuhören sein.[134] Neben diesem Hinweis wird gelegentlich auch noch behauptet, dass die Worte *„Living is easy with eyes closed.*", mit denen *Strawberry Fields Forever* eingeleitet wird, ebenfalls als Todeshinweis zu sehen sind. Gefolgert wird das aus der Tatsache, dass die Augen einer Leiche verschlossen sind. Leicht ist das „Leben" dann natürlich insofern, als dass man eben nicht mehr an selbigem teilnimmt und einen – lapidar gesprochen – das Tagesgeschäft nicht mehr jucken muss.

All You Need Is Love

All You Need Is Love ist schon wegen der Aufnahmearbeiten etwas ganz Besonderes. Das Stück wurde nämlich extra für die weltweit ausgestrahlte Live-Fernsehsendung „Our World" geschrieben. Die Ausstrahlung erfolgte am 25. Juni 1967 in 31 Länder und so konnten 400 Millionen Menschen sehen, wie die Beatles just in jenem Moment *All You Need Is Love* in den Studios an der Londoner Abbey Road aufnahmen.

Da nur ein kleiner Teil der instrumentalen Begleitung bereits im Vorfeld aufgenommen worden war, wurde fast das komplette Stück live eingespielt. Neben den Beatles war dazu noch ein Orchester, bestehend aus zwei Trompeten, zwei Saxophonen, sechs Geigen, zwei Celli und einem Akkordeon in den Studios anwesend. In der Live-Übertragung waren außerdem Mick Jagger und Keith Richards, sowie Keith Moon[135], Eric Clapton, Graham Nash[136] und Marianne Faithfull, die allesamt mitsangen, zu sehen.

Nicht nur die Sänger waren also berühmt, sondern auch der Inhalt des Liedes ist es: Der eigentlich geschriebene Song wird nämlich von einem Intro und einer Coda – die übrigens auf einer Idee des Produzenten George Martin beruht – umrahmt, wobei im Intro die Marseillaise angespielt wird und in der Coda die achte zweistimmige Invention[137] von Johann Sebastian Bach, sowie das englische Volkslied *Greensleeves* und in *In the Mood* von Glenn Miller zu hören sind.

Die Coda ist dann auch der Teil des Stückes, in dem wir wieder auf *Paul is dead* zurückkommen. Am Ende des Stückes singt John Lennon zwei Zeilen, die angeblich wie folgt lauten:

„Yes, he's dead…
We loved you, yeah, yeah, yeah."

Es ist allerdings bei genauem Hinhören sehr gut zu erkennen, dass John zunächst „Yesterday" singt und Paul daraufhin den Refrain von *She Loves You* anstimmt, der da lautet: „She loves you, yeah, yeah, yeah".

2.1.5 The Beatles (Weißes Album)

Das weiße Album, wie es wegen Richard Hamiltons[138] weißer Covergestaltung genannt wird, ist das neunte Album der Beatles und trägt den schlichten offiziellen Titel „The Beatles".

Es ist das einzige Doppelalbum der Beatles, das während ihrer gemeinsamen Zeit produziert wurde[139]. Allerdings ist hier zu sagen, dass der Ausdruck „gemeinsame Zeit" im Zusammenhang mit dem weißen Album schon fast unpassend klingt, denn bereits bei diesen Aufnahmen zeichnete sich der Niedergang der Gruppe ab. Es kam schon damals zu den ein oder anderen Unstimmigkeiten, die darin gipfelten, dass Ringo Starr die Gruppe zeitweilig verließ und sich mehrere Wochen auf Sardinien befand. Während seiner Abwesenheit übernahm Paul McCartney – etwa bei *Back in The USSR* – den Schlagzeugpart.

Ein weiterer Unterschied zu den bisherigen Alben war, dass George Martin sich immer öfter zurückzog und entweder einem jüngeren Produzenten oder gar den Beatles selbst das Feld überließ, so dass diese dann selbst am

Mischpult saßen. Das ist vor allem darauf zurückzuführen, dass es unterschiedliche Ansichten zwischen der Gruppe und Martin über die zu veröffentlichenden Stücke gab. Martin schwebte kein Doppel- sondern ein Einzelalbum vor, welches nur die besten aller letztendlich erschienen Lieder enthalten sollte. Es kam aber schließlich zum gewünschten Doppelalbum und so muss man heute erkennen, dass dabei eine Platte herausgekommen ist, die im Prinzip eine große Sammlung mehrerer Lieder ohne inhaltlichen Zusammenhang darstellt.

Nichtsdestotrotz wird das Album heute zu einem der Besten der Musikgeschichte gezählt[140].

2.1.5.1 Booklet

Weil das Cover für die *Paul is dead*-Theorie nicht relevant ist, wird auf das entsprechende Kapitel verzichtet. Stattdessen wollen wir uns einige Stellen im Booklet anschauen.

Zunächst ist auf Seite 7 ein Foto von Paul McCartney zu finden, das ihn beim Tanzen zeigt. Hinter McCartney befindet sich ein fast gänzlich schwarzer Hintergrund, der durch eine weiß hindurch schimmernde Form unterbrochen wird. Letztendlich kann man wahrscheinlich gar nicht genau feststellen, um was sich bei dieser Form handelt, aber es benötigt gar nicht mal so viel Phantasie, um hierin die Hände eines Skeletts zu erkennen.

Folgt man der Verschwörungstheorie, so ist sie natürlich als Zeichen für Pauls Tod zu werten. Er wird quasi von Gevatter Tod aus dem Leben gerissen.

Auf Seite 14 ist dann ein weiteres Foto McCartneys zu sehen, das angeblich eine Narbe auf seiner Lippe ersichtlich macht. Diese könnte eventuell zur Doppelgänger-Theorie passen, denn laut jener Annahme wurde Paul McCartney durch einen Doppelgänger ersetzt, welcher sich aber im Vorfeld mehreren Operationen zur Anpassung seines Aussehens unterziehen musste.

Eventuell ist von einem dieser Eingriffe eine Narbe zurückgeblieben.

Auf Seite 18 (in der rechten unteren Ecke, neben dem Foto von George Harrison) soll dann schlussendlich noch ein Bild von William Campbell – natürlich vor der Schönheitskorrektur – zu sehen sein.

2.1.5.2 Songs

Glass Onion

John Lennon hat Glass Onion als Reaktion auf die immer stärker werdenden Interpretationen von Beatles-Liedern geschrieben. Lennon verweist im Text auf Stücke wie *Strawberry Fields Forever, I Am the Walrus, Lady Madonna* oder *The Fool on the Hill* und will ausdrücken, dass jegliche Interpretation in die Texte unnötig sei.

Es werden sogar die bereits erwähnten Reibereien innerhalb der Gruppe aufgegriffen. So hat John bezugnehmend auf *I Am the Walrus* gesungen, dass nicht er sondern Paul das Walrus gewesen sei[141]. Dies wird in aller Regel als Hinweis auf die sich verschlechternde Beziehung zwischen den beiden erachtet[142]. Allerdings kamen später Vermutungen auf, dass man auch hier wieder eine Relation zu *Paul is dead* herstellen könnte. Dies wurde aber nicht weiter begründet.

Der Titel selbst wird häufig auch als Metapher für die Verschwörungstheorie genannt. Glass onion kann nämlich einen Sarg bezeichnen, in den man durch ein Fenster hineinblicken kann. Särge sind logischerweise mit dem Tod verbunden und genau um das geht es in der Theorie.

While My Guitar Gently Weeps

George Harrison bekam die Idee zum Lied als er 1968 das I-Ging, das chinesische Buch der Wandlungen, las und für sich selbst erkannte, dass nichts auf der Welt durch einen Zufall passiert, sondern alles einen Grund hat[143].

Nachdem er das Lied komponiert hatte, wurde es in mehreren Versionen aufgenommen und schließlich am 22. November 1968 auf dem weißen Album veröffentlicht. Eine der vielen Versionen wurde dann später auf *Anthology 3* publiziert und diente zudem als Basis für den Remix auf dem 2006 erschienen Album *Love*.

Doch zurück zur Albumversion von 1968. Auf dieser ist am Ende zunächst ein „Yeah, yeah, yeah" aus Georges Mund zu hören. Nun wird im Zuge von *Paul is dead* behauptet, dass dann noch der Ausruf „Paul, Paul, Paul" zu hören sei. Es handele sich dabei um den verzweifelten Ruf des George Harrison nach seinem verstorbenen Freund Paul. Inwieweit dieser Ausruf tatsächlich in der Aufnahme enthalten ist, muss jeder für sich selbst beurteilen. Ein wirklich eindeutiger Beweis, z. B. mit Hilfe einer wissenschaftlichen Analyse, konnte nicht gefunden werden.

I'm So Tired

Ähnlich wie *Blue Jay Way* oder *She Came in Through the Bathroom Window* schildert *I'm So Tired* ein reales Erlebnis eines Beatle. John Lennon schrieb das Lied während eines Aufenthaltes in einem Camp in Rishikesh, Indien. Dort wurden sie von Maharishi Mahesh Yogi, dem Erfinder der Transzendentalen Meditation, in die Welt eben jener Meditationstechnik eingeführt.
Als Lennon seine Verlobte Yoko Ono vermisste und von Schlafstörungen geplagt wurde, fasste er seine Empfindungen einfach

in einem Song zusammen. Aufgenommen wurde das Ganze dann in einer gemeinsamen Session mit *The Continuing Story of Bungalow Bill* am 8. Oktober 1968.

Der für die Verschwörungstheorie wichtige Teil befindet sich ganz am Ende des Stückes. Nachdem zwei Mal „*I'd give you everything I've got for a little peace of mind*"[144] gesungen wurde, kann man beim Fade-Out des Liedes ein nicht zu identifizierendes Murmeln von John Lennon hören, welches auch in Liedtexten lediglich als "mumbling"[145] angegeben wird. Spielt man die Stelle rückwärts ab, so soll man hier „Paul is a dead man. Miss him. Miss him. Miss him" zu hören sein. Tatsächlich kann man zumindest das Wörtchen „dead" und die drei „Miss him"-Ausrufe hören. Entsprechende MP3-Dateien in denen der rückwärtsgespielte Teil enthalten ist, sind im Internet zu finden[146].

Blackbird

Nachdem bisher nur Lennon- und Harrison-Kompositionen aus dem Weißen Album für die Theorie von Bedeutung waren, gelangen wir nun wieder zu einem von Paul McCartney geschriebenen – aber wie üblich unter *Lennon/McCartney* erschienen – Song. Er bekam die Idee dazu während eines Aufenthaltes in Schottland im Jahr 1968. Dort konnte Paul die ausartenden Rassenunruhen in den USA[147] verfolgen und wollte mit *Blackbird* darauf reagieren[148]. McCartney setzte dafür die Schwarzdrossel[149] als Metapher für eine afroamerikanische Frau ein, die unter den Diskriminierungen in den USA leidet.

Technisch gesehen klingt das Lied sehr ausgewogen, was vor allem auf die gelungene harmonische Verbindung von Melodie- und Basslinie zurückzuführen ist[150].

McCartney wurde dabei insbesondere von Johann Sebastian Bachs *Bourrée in e-Moll*[151] aus der Lautensuite BWV 996 geleitet. Dieses hatten McCartney und Harrison in früherer Zeit einmal auf der Gitarre gespielt.

Nachdem Paul das Lied geschrieben hatte, nahm er es am 11. Juni 1968 alleine in den Abbey Road Studios auf.

Der Erstveröffentlichung auf dem Weißen Album folgten dann später noch eine Alternativversion auf *Anthology 3*, sowie eine Teilveröffentlichung – genauer gesagt wurde nur ein Gitarrenpart aus *Blackbird* genutzt – auf dem Remix-Album *Love*.

Wie schon weiter oben erwähnt, handelt der Text von einer in den Vereinigten Staaten lebenden afroamerikanischen Frau, welche die Segregation in den Südstaaten hautnah miterlebt und unter der Rassentrennung bzw. der daraus resultierenden Diskriminierung der farbigen Bevölkerung leidet. Um das zu verdeutlichen, beschreibt der Text eine Amsel mit gebrochenen Flügeln, die lediglich auf den Moment wartet, ab welchem sie frei sein kann. Entsprechend beginnt das Lied auch mit den Worten „*Blackbird singing in the dead of night [...]*"[152], was aber entsprechend der Verschwörungstheorie ein Hinweis auf den Tod respektive McCartneys Ableben sein soll.

Einen weiteren, stärkeren Beweis liefert die Verschwörungstheorie bei diesem Lied aber nicht. Es darf also sehr stark bezweifelt werden, ob man an dem wirklichen Inhalt des Stückes rütteln kann.

Revolution 9

Eines zunächst vorweg: Wer bisher dachte, *Hey Jude* sei das längste Stück der Beatles (Spieldauer: 7:02 min), der wird nun eines Besseren belehrt, denn *Revolution 9* ist mit einer Länge von 8:22 Minuten noch ein Stück ausdauernder.

Auch wenn das Copyright wie üblich mit *Lennon/McCartney* angegeben wird, so handelt es sich hier nicht um gemeinsames Lied des Komponistenduos, sondern vielmehr um eine Collage, die John Lennon gemeinsam mit Yoko Ono und George Harrison produzierte. Beeinflusst wurde die Arbeit an dieser Bildersammlung maßgeblich von der Technik und dem Stil der beiden Komponisten John Cage[153] und Karlheinz Stockhausen[154], deren Werke schon bei Beatles-Titeln wie *Tommorrow Never Knows* und *Strawberry Fields Forever* den Einsatz von bestimmten Aufnahmetechniken prägten.

Mit *Revolution 9* wollte Lennon ein „musikalisches Bild" einer Revolution malen, d. h. es sollte quasi eine hörbare Geräuschkulisse einer solchen entstehen. Um dies zu erreichen, wurden sehr viele Tonspuren aus verschiedenen Quellen, z. B. aus Beständen der EMI oder aber aus anderen Beatles Songs (z. B. eine Orchesterspur aus *A Day In The Life*) zu einem Ganzen zusammengefügt. Da es um die sogenannte Multitrack-Technik noch nicht so weit bestellt war, mussten sämtliche Aufnahmegeräte aller drei Abbey-Road-Studios zusammengeschaltet werden. Insofern ist hier wieder einmal mehr eine bewundernswerte Leistung der Beteiligten hervorzuheben, wenn man bedenkt, unter welchen technischen Voraussetzungen solche Werke produziert worden sind.

Die Bedeutung dieses Liedes für die Verschwörungstheorie um Paul McCartney wurde erstmals Ende 1969 bekannt. Damals leitete der US-amerikanische Moderator Russ Gibb eine Sendung beim (nicht mehr existenten) Detroiter Sender WKNR-FM. In jener Sendung wurde über *Paul is dead* und die bis dato bekannten „Beweise" diskutiert. Währenddessen meldete sich ein Anrufer im Studio, der vehement behauptete, auch auf *Revolution 9* einen Hinweis gefunden zu haben. Und tatsächlich: Russ Gibb rief ihn zurück und gab zu, dass sich das einige Male vorkommende *„Number nine"* rückwärts gespielt wie „Turn me on, dead man."[155] anhört[156].
Obwohl diese Sache oft als eine eher zufällige phonetische Umkehrung denn als geplanter Hinweis angesehen wird, wuchs daraus die Idee, dass das sog. Backmasking – also eine Rückwärtsaufnahme – ganz gezielt für geheime Botschaften eingesetzt wurde[157].

2.1.6 Yellow Submarine

Das zehnte Album der Beatles aus dem Jahr 1969 ist etwas, was man heute wohl als Soundtrack bezeichnen würde. Es enthält nämliche sämtliche Stücke, die bereits 1968 im gleichnamigen Zeichentrickfilm vorkamen.

Interessanterweise wurden allerdings nur zwei der auf der A-Seite veröffentlichten Beatles-Lieder explizit für den Film geschrieben[158]. Hierbei handelt es sich um *All Together Now* und *Hey Bulldog*[159].

2.1.6.1 Cover

Das Frontcover der Platte besteht aus einer Zusammenkunft der Zeichentrickfiguren des *Yellow Submarine*-Films. Man sieht die Beatles sowie alle anderen Hauptprotagonisten der Handlung – wie etwa *Lord Mayor*, *Old Fred* und *Jeremy (Nowhere Man)* – auf einem Berg stehen. Das gelbe Unterseeboot befindet sich, ebenso wie die Sgt. Pepper's Lonely Hearts Club Band, im Berg unter ihnen.

Der Hinweis auf die Verschwörungstheorie ist

dem Leser inzwischen wohlbekannt, denn er trat bereits bei *Revolver*[160] und *Sgt. Pepper's Lonely Hearts Club Band*[161] auf. Es handelt sich wieder um „die Hand über dem Kopf". John Lennon hält seine rechte Hand exakt über McCartneys Kopf, wobei er nur drei Finger dieser Hand ausgestreckt hat. Der Zeigefinger, der kleine Finger und der Daumen sollen demnach die drei noch verbliebenen Bandmitglieder bezeichnen. Es ist also zu folgern, dass ein Mitglied fehlt. Hinzu kommt noch, dass eine Hand über einem menschlichen Haupt – wie bereits mehrfach erwähnt – in einigen Ländern der Erde als Todessymbol gilt.

Zur Entlastung dieses Argumentes sei aber zu erwähnen, dass die Ausrichtung der Finger auch eine (fehlerhafte) Darstellung[162] des „Ich liebe dich" in der amerikanischen Gebärdensprache sein könnte. Dafür spräche, dass *Pepperland*, der Hauptort der Filmhandlung, das Paradies des Friedens und der Liebe darstellt. Außerdem wurde das Album in der Blütezeit der Hippiebewegung veröffentlicht; so fand nicht zuletzt 1969 das legendäre Woodstock-Festival statt. Insofern ist ein künstlerischer Ausdruck für die Liebe durchaus denkbar. Hinzu kommt natürlich noch, dass so viele Lieder der Beatles von Liebe handelten, dass man sie quasi als

„Botschafter der Liebe" bezeichnen kann[163].

Einen weiteren Beweis für Pauls Tod findet sich angeblich im gelben Unterseeboot. Da sich dieses unterhalb der abgebildeten Personen befindet und im Berg eingegraben zu sein scheint, könnte es als Symbol für einen in die Erde eingelassenen Sarg[164] sein.

Den letzen Hinweis des vorliegenden Covers sehen die Verschwörungstheoretiker dann noch in Ringos Krawatte. Auf dieser ist eine orangefarbene, kreuzähnliche Form abgebildet. Kreuze wiederum werden natürlich mit Religion, aber auch mit Trauer und Tod in Verbindung gebracht.
Im Gesamtbild scheint hier also wieder das Ableben des Paul McCartney angedeutet.

2.1.6.2 Songs

Yellow Submarine

Da dieser Song bereits 1966 auf *Revolver* erschienen ist, wurde er schon in Kapitel 2.1.2.2 ausführlich untersucht.

All You Need Is Love

Dieses Lied wurde bereits im Jahr 1967 auf *Magical Mystery Tour* veröffentlicht und deswegen schon in Kapitel 2.1.4.3 behandelt.

Only a Northern Song

Die Harrison-Komposition wurde bereits während der Sessions für *Sgt. Pepper* Anfang des Jahres 1967 aufgenommen, erschien dann aber das erste Mal im *Yellow Submarine*-Film. Das psychedelisch anmutende Lied wird dort zur Szene des Meers des Wissens gespielt.

George Harrison schrieb das Lied – wie man auch schon aus dem Datum 1967 herleiten kann – nicht explizit für den Film. Es sollte vielmehr ein musikalischer Ausdruck über seinen Ärger mit dem Musikverlag Northern Songs Ltd. sein. Harrison hielt nämlich nur einen kleinen Anteil am Unternehmen, während Paul McCartney und John Lennon zusammen fast ein Drittel besaßen. Da George über eine vertragliche Vereinbarung als Songwriter an Northern Songs gebunden war und diesen die Urheberrechte überlassen musste, war er unglücklich darüber, dass

Lennon und McCartney durch ihre größeren Gesellschafteranteile mehr an seinen Songs verdienten als er selbst[165].

Obwohl hier zunächst kein Bezug zu *Paul is dead* ersichtlich sein mag, so haben die Verschwörungstheoretiker auch hier zwei Stellen für sich entdeckt. „*[...] you may think the band are not quite right [...]*" und „*If you think the harmony is a little dark and out of key, you're correct, there's nobody there.*[166]" sollen ausdrücken, dass die sich die Lieder im Vergleich zu früher nicht mehr korrekt anhören müssen, da Paul McCartney fehlt. Er hat nämlich den Bass gespielt und es ist gerade der Bassspieler einer Band, der normalerweise den Grundrhythmus hält, an dem sich die anderen Musiker orientieren. Ist dieser nicht (mehr) da, so stimmt das Grundgerüst natürlich nicht mehr, denn nun haben die anderen keine Orientierung. Die Gruppe ist eben nicht mehr vollwertig.

2.1.7 Abbey Road

Abbey Road ist die elfte und genau genommen letzte aufgenommene Platte der Beatles. Obwohl *Let It Be* erst ein Jahr später, also 1970, erschienen ist, so wurde es zum größten Teil schon vor *Abbey Road* aufgezeichnet.

Abbey Road – das nach der gleichnamigen Straße im Londoner Stadtteil St. John's Wood und dem Sitz der EMI-Studios benannt wurde – ist noch mehr als *The Beatles* von der allmählichen Auflösung der Gruppe geprägt. Erkennbar wird das vor allem beim Medley der B-Seite, das mit *You Never Give Me Your Money* beginnt und passenderweise mit *The End* aufhört. Die Trennung wird dabei insbesondere bei *Carry That Weight*, welches übrigens das Hauptthema[167] von *You Never Give Your Money* wieder aufgreift, thematisiert. Paul McCartney beschrieb den Inhalt des Liedes einmal damit, dass es die damalige Atmosphäre bei Apple wiedergebe[168]. Der britische Musikkritiker Ian MacCormick (1948-2003) schloss sich dem im Prinzip an und interpretierte das Lied so, dass keine nach den Beatles kommende Solokarriere der Vier so sein würde, wie das, was sie vorher erlebt und erreicht hatten.

Stattdessen müsse jeder das Päckchen aus seiner Beatles-Vergangenheit („Carry that weight") tragen[169].

Trotz solch inhaltlicher Auseinandersetzungen mit dem Ende der Gruppe, wurde das Album zu einer sehr durchdachten und gut organisierten Platte. Stellt man sich vor, dass sich eine Gruppe Künstler eigentlich nichts mehr zu sagen hat und die Stimmung seit einiger Zeit sowieso schon im Keller ist, so hätte man hier realerweise wohl auch ein eher unorganisiertes, ja vielleicht sogar „zusammengeworfenes" Album erwarten dürfen. Stattdessen haben die Beatles am Ende ihrer gemeinsamen Karriere noch einmal gezeigt, dass sie alle Vier begnadete Künstler waren, die zum Schluss noch einmal einen Höhepunkt in Form eines Albums erreichen konnten. Immerhin schoss die Platte im Vereinigten Königreich sofort auf Platz 1 und konnte diesen – mit einer Unterbrechung von einer Woche – 17 Wochen lang verteidigen. Ein weiteres Indiz für die Qualität von *Abbey Road* kann man außerdem darin erkennen, dass es vom Musikmagazin *Rolling Stone* im Jahr 2003 auf Platz 14 der 500 größten Musikalben aller Zeiten gesetzt wurde.

2.1.7.1 Cover

Es dürfte nicht gelogen sein, wenn man behauptet, dass das Cover von *Abbey Road* mindestens genauso berühmt ist wie das von *Sgt. Pepper's Lonely Hearts Club Band.* Wie sonst sollte man eine Besucherzahl von mehreren tausend Menschen erklären können, die Jahr für Jahr zur Abbey Road in London pilgern, nur um einmal den berühmten Zebrasteifen zu überqueren und sich ggf. dabei fotografieren zu lassen? Es gibt mittlerweile sogar eine Webcam die rund um die Uhr einen Livestream (mit Ton!) der Straßenkreuzung ins Internet sendet[170].

Und das alles nur, weil die Beatles einmal über jene Fußgängerüberquerung geschritten sind. Genau das zeigt nämlich das Cover des Albums. John, Ringo, Paul und George gehen (in exakt dieser Reihenfolge) über die Abbey Road.

Im Hintergrund sind parkende sowie ein scheinbar in die Ferne fahrendes Fahrzeug zu erkennen.

Die *Paul is deud*-Theorie setzt nun zunächst einmal bei der Reihenfolge der Beatles an. Demnach soll das Überqueren der Straße eine imaginäre Darstellung einer Beerdigungsprozession sein. John Lennon, der ganz in weiß gekleidet ist, stellt den Pfarrer dar, Ringo mit seinem schwarzen Anzug ist der Bestatter und George, der an letzter Position geht, ist der Totengräber. Paul McCartney, der sich an dritter Stelle befindet, ist – wie soll es auch anders sein – der Tote, der zu Grabe getragen wird. Als Beweis wird angeführt, dass Paul sowohl die Augen geschlossen hat als auch barfuß läuft. Einer Leiche werden ebenfalls die Augen verschlossen und die Barfüßigkeit ist auch ein Zeichen des Todes. Denn zumindest in Großbritannien werden Verstorbene in aller Regel barfuß bestattet. Ein weiteres Detail findet sich dann noch in der Schrittfolge. Paul befindet sich nämlich nicht im Rhythmus der anderen. Im Gegensatz zu John, Ringo und George befindet sich nicht sein linkes Bein vor ihm sondern er schreitet mit dem rechten voran.

Auch im Hintergrund des Bildes können verschiedene Hinweise gefunden werden. Zunächst kann man am rechten Straßenrand ein schwarzes Auto sehen. Es wird oft interpretiert, dass es sich dabei entweder um einen Krankenwagen oder wohl eher um ein Bestattungsfahrzeug handelt. Sollte es ein Krankenwagen sein, so könnte man wieder eine Verbindung zum behaupteten Autounfall herstellen. Handelt es sich tatsächlich um den Pkw eines Bestatters, so wäre es einfach wieder als Hinweis auf den Tod zu deuten.

Auf der linken Straßenseite gibt es dann scheinbar sogar zwei Fahrzeuge, die als Hinweisgeber fungieren. Zunächst befindet sich im Hintergrund ein kleines Auto, welches sich scheinbar direkt über Pauls Kopf befindet und anscheinend auch direkt auf ihn gerichtet ist. Natürlich wird hier wieder eine Verbindung zum Autounfall aus der Verschwörungstheorie gesehen, denn nicht nur dass logischerweise Autos beteiligt waren: Die Ausrichtung des parkenden Fahrzeugs über McCartneys Kopf erinnert wieder an die mehrfach beschriebenen Kopfverletzungen.

Beim zweiten Pkw handelt es sich um einen weißen VW Käfer, der nahe hinter den Beatles geparkt ist. Dieser Käfer ist wohl als der Haupthinweisgeber unter allen Hintergrundobjekten zu sehen, denn es ist das Kennzeichen, welches viele Fans nach Veröffentlichung des Albums stutzig machte. Dieses lautet „LMW 28IF". Nach *Paul is dead* steht „LMW" dabei für „Linda McCartney[171] weeps[172]" und „28IF" soll für „He would have been 28, IF he hadn't died.[173]" stehen. Zusammengefasst weint also Linda, weil ihr Ehemann verstorben ist und er wäre zum jetzigen (oder besser gesagt damaligen) Zeitpunkt 28 Jahre alt, wenn er noch leben würde.

Der Hinweis ist aber – vor allem im Hinblick auf das Alter – zweifelhaft, denn *Abbey Road* wurde am 26. September 1969 veröffentlicht und zu diesem Zeitpunkt muss McCartney 27 Jahre alt gewesen sein[174].

2.1.7.2 Songs

Come Together

Das Lied, das aus der Feder John Lennons stammt, wurde 1969 exklusiv für Timothy Learys Kandidatur um den kalifornischen Gouverneursposten geschrieben, bei dem dieser gegen Ronald Reagan antrat. Zuvor besuchte Leary John Lennon und Yoko Ono bei ihrem Bed-in in Montreal. Nachdem Leary und seine Frau Rosemary bereits im Text von *Give Peace A Chance* verewigt wurden, bot John ihm seine Unterstützung im Wahlkampf an und so entstand *Come Together*. Allerdings konnte der Song nicht lange zum Erfolg beitragen, denn Leary wurde kurze Zeit später wegen Drogenbesitzes verhaftet. Das ermöglichte Lennon allerdings, das Lied zusammen mit den Beatles aufzunehmen. Zu einer entsprechenden Session kam es dann im Juli 1969 unter Leitung von George Martin. Die Beatles übernahmen dabei wieder ihre klassischen Rollen: John spielte die Rhythmusgitarre und sang den Text, Paul war am Bass und George an der Leadgitarre, während Ringo das Schlagzeug bediente. Die Erstveröffentlichung erfolgte zunächst auf

Abbey Road; einen Monat später wurde *Come Together* dann auch als Doppel-A-Seite mit *Something* herausgegeben.

In diesem vorletzten Song, den wir im Zuge von *Paul is dead* behandeln, finden sich einige Passagen, die angebliche Hinweise auf die Richtigkeit von McCartneys Tod sein sollen. So wird die Stelle „*Come together right now over me.*"[175] insofern als Todeshinweis angesehen als man den Text als Metapher für eine Beerdigung ansieht. Es treffen noch einmal alle zusammen, die den Toten gekannt haben. „Over me" stellt hierbei dar, dass sie sich „über ihm", also über seinem Grab, versammeln. „*Got to be good looking cause he's so hard to see*"[176] wird in ähnlicher Weise interpretiert. Zum Einen soll sich diese Stelle auf Paul McCartney beziehen, weil er unter den vier Beatles immer als der „Hübsche" galt. Zum Anderen drückt der zweite Halbsatz aus, dass man ihn ja nun nicht mehr so gut sehen könne und auch deshalb müsse er gut aussehen. Ausgehend von der Todestheorie passt das natürlich, denn einen Toten kann man nicht mehr sehen. Er befindet sich im Sarg und ist möglicherweise schon bestattet. Dass er dennoch gut aussehen muss, kann man in diesem Zusammenhang entweder so interpretieren, dass die Fans aufgefordert werden, Paul in guter Erinnerung zu behalten oder aber in der Weise, dass es in konkretem Bezug zu einem Todeshinweis steht, denn Tote sehen auch „gut" aus; will heißen, im Rahmen der hygienischen Versorgung eines Verstorbenen wird dieser regelmäßig gewaschen und behandelt, um ihn ggf. würdig präsentieren zu können.

Weitere explizite Hinweise finden die Verschwörungstheoretiker dann noch an den Stellen *„He got hair, down below his knees"* und *„He got monkey fingers"*. Da die Haare bei einem Toten noch weiterwachsen, soll hier überspitzt ausgedrückt werden, dass Paul jetzt eine Haarlänge erreicht hat, die bis über die Knie reicht. Er kann plump gesprochen nicht mehr zum Friseur gehen und deshalb sind seine Haare so lang geworden.

Der wissenschaftlichen Richtigkeit wegen sei aber anzumerken, dass es in der Medizin umstritten ist, ob Haare nach dem Tod weiterwachsen. Einige Wissenschaftler sagen, dass dies überhaupt nicht möglich sei, da mit dem Tod jegliche Vitalprozesse beendet sind, andere wiederum behaupten, dass die entsprechenden Zellen zumindest noch einige Stunden nach dem Hirntod weiterleben können. Die Effekte, die dies aber womöglich auf das Haarwachstum haben könnte, sind gering.[177]

Die zweite erwähnte Textpassage wird so ausgelegt, dass die Finger von Toten nach einer gewissen Zeit angeblich einrollen und zwar in einer solchen Form, wie Affen ihre Finger in der Regel halten.

Der letzte Hinweis, der in diesem Lied versteckt sein soll, bezieht sich auf die Anzahl der Bandmitglieder. Es wird „*One and one and one is three*"[178] gesungen, was letztendlich bedeuten soll, dass nur noch drei Beatles übriggeblieben sind. Einen ähnlichen Hinweis hat es auch schon im Booklet von *Magical Mystery Tour* gegeben.[179]

She Came in Through the Bathroom Window

Der Autor dieses Buches hat von einem Fan schon einmal folgende Aussage gehört: „Scheinbar haben die Beatles wirklich alles, was sie erlebt haben, in Liedern verarbeitet."

Mitunter kann man tatsächlich diesen Eindruck gewinnen und das liegt nicht zuletzt an Liedern wie *She Came in Through the Bathroom Window*. Dieses wurde nämlich durch Fans inspiriert, die in McCartneys Abwesenheit in dessen Haus in St. John's Wood, dem Londoner Stadtteil in welchem sich wie oben bereits erwähnt auch die Abbey

Road Studios befinden, eingebrochen sind. Um in das Gebäude zu gelangen, benutzten sie eine im Garten vorgefundene Leiter und stiegen mit deren Hilfe durch das Fenster des Badezimmers ein. McCartney war zunächst wohl sehr verärgert, doch wie man sieht, hatte er später so viel Abstand dazu gewonnen, dass er sogar ein Lied darüber schreiben konnte.

Für *Paul is dead* ist lediglich eine Stelle aus *She Came in Through the Bathroom Window* von Bedeutung. Das lyrische Ich singt davon, dass es seinen Dienst bei der Polizei quittiert, um einen ruhigen Job anzunehmen.[180]
Das soll ein Beweis dafür sein, dass William Campbell vor seiner Ersatztätigkeit für Paul McCartney als Polizist tätig war. Bleibt man in der Gedankenstruktur der Verschwörungstheorie, so erklärt sich hieraus auch der Aufnäher auf Pauls *Sgt. Pepper*-Kostüm, der wie bereits beschrieben die Aufschrift „OPD" für „Ontario Police Department" tragen soll.[181]

Kapitel 3: Schlusswort

Nachdem wir nun am Ende unserer Alben- und Songbetrachtung angelangt sind, bleibt es dem Leser überlassen, was er von *Paul is dead* hält. Der Autor möchte bewusst keine eigene Meinung verbreiten. Es sollte lediglich dargestellt werden, mit welchen Mitteln die Anhänger der Verschwörungstheorie argumentieren.

Im Text dürfte deutlich geworden sein, dass zu einigen dieser Argumente eine gute Portion Phantasie dazugehört, aber diese Voraussetzung trifft wohl für die meisten Verschwörungstheorien zu, denn es liegt in deren Wesen, dass sie nahezu unglaubliche Sachverhalte behaupten und diese mit mehr oder weniger weit hergeholten „Beweisen" belegt sein sollen. Bei der hier vorliegenden Theorie ist dem nicht anders, denn es ist für die meisten wohl schwer vorstellbar, dass Paul McCartney tot sein soll und seine Anhänger seit über 40 Jahren eine Fälschung verehren. Entsprechend empfinden die Meisten wahrscheinlich auch die Beweise und so kann man diesen Text nicht anders beenden als zu sagen, dass jeder Leser und Fan für sich selbst entscheiden muss:

Paul ist wirklich tot.

Oder eben nicht.

And in the end the love you take,
is equal to the love you make.

Über den Autor

Christian Huwer wurde 1986 geboren und studiert derzeit Betriebswirtschaftslehre in Hagen/Westfalen.

Seit seiner Kindheit ist er Anhänger der Beatles und so kam es, dass er sich seit einigen Jahren mit der Geschichte der Gruppe beschäftigt. Während einer Recherche über *Sgt. Pepper's Lonely Hearts Club Band* ist er auf die *Paul is dead*-Theorie gestoßen.

Später entstand daraus die Idee zu einem Buch.

Es folgen die Endnoten.

[1] Bis heute halten die Beatles den Weltrekord für die meistverkauften Tonträger. Mit Stand 2008 wurden bisher etwa 1,3 Milliarden Platten abgesetzt.

[2] Die Existenz der Verschwörungstheorie war der Gruppe nämlich bekannt.

[3] Spitzname für Paul McCartney

[4] Der beschriebene Umstand findet sich sogar als Hinweis auf *Sgt. Pepper's Lonely Hearts Club Band*. Siehe Kap. 2.1.3.3

[5] Zunächst wurde die Platte mit einem Cover veröffentlicht, dass die Beatles in weißen Kitteln mit zerhackten Babypuppen und zerhacktem Fleisch zeigte. Dieses wurde ausgetauscht, nachdem es in der Öffentlichkeit zahlreiche Proteste gegen das Originalbild gab.

[6] Die Beatles veröffentlichten in den Vereinigten Staaten unter dem Label *Capitol* eine eigene Albenserie, die sich sowohl im Namen als auch in den Zusammenstellungen der Tracks zu den in Europa veröffentlichten Platten unterschied. Das europäische „Pendant" zu *Yesterday and Today* ist das Album *Revolver*.

[7] Im Abschnitt „Songs" werden nacheinander diejenigen Stücke eines Albums behandelt, die für die *Paul is dead*-Theorie von Bedeutung sind. Der Übersichtlichkeit wegen wurde hier auf eine weitere Kapitelunterteilung verzichtet.

[8] Vgl. *Yesterday (Lennon/McCartney)*, 1965.

[9] Engl. für *plötzlich*

[10] Vgl. *Yesterday (Lennon/McCartney)*, 1965: „Why she had to go I don't know […]"

[11] Z.B. in *Lovely Rita (Lennon/McCartney)*, einem Lied über eine Politesse, siehe auch Kap. 2.1.3.3

[12] Vgl. *Doctor Robert (Lennon/McCartney)*, 1966:

"Take a drink from his special cup [...]"

[13] Vgl. Sheff, David: *All We Are Saying* (2000), S. 180. "I was the one who carried all the pills on tour [...] in the early days."

[14] Vgl. *Doctor Robert (Lennon/McCartney)*: "He does everything he can, Doctor Robert"

[15] Vgl. *Nowhere Man (Lennon/McCartney)*, 1965: "He's a real nowhere man [...] Just sees want he wants to see [...] Nowhere Man please listen, you don't know what you're missing [...]"

[16] Vgl. *Playboy. September 1980:* „I'd spent five hours that morning trying to write a song that was meaningful and good, and I finally gave up and lay down. Then 'Nowhere Man' came, words and music, the whole damn thing as I lay down"

[17] LSD = Lysergsäurediethylamid, eine synthetische Droge, die auch von den Beatles konsumiert wurde.

[18] Vgl. *http://www.beatlesbible.com/songs/and-your-bird-can-sing/*, aufgerufen am 4.1.2010

[19] Vgl. *And Your Bird Can Sing (Lennon/McCartney)*, 1966.

[20] *Klaus Voormann (* 1938)* ist ein deutscher Grafiker und Bassist. Er lernte die Beatles in Hamburg kennen und wurde einer ihrer engsten Freunde. Später spielte er bei verschiedenen Soloprojekten, etwa beim *Concert for Bangladesh* von George Harrison, den Bass.

[21] Wer das Cover genau betrachtet, wird auch Klaus Voormann darauf entdecken.

[22] Die richtige Übersetzung von Taxman ist eigentlich Finanzamt. Quaestor ist die Amtsbezeichnung für einen Steuereintreiber im römischen Reich.

[23] Vgl. *Taxman (Harrison)*: „[...] if you get too cold – I'll tax the heat; if you take a walk – I'll tax your feet [...]"

[24] *Harold Wilson (1916 – 1995)* war ein britischer

Politiker der Labour Party und hatte von 1964 bis 1970 und von 1974 bis 1976 das Amt des Premierministers inne. Eine Ironie im Zusammenhang mit *Taxman* mag die Tatsache sein, dass es Wilson war, der die Beatles ein Jahr zuvor als MBE's (*Member of the British Empire*) vorgeschlagen hatte.

[25] Vgl. Harrison, George: *I, Me, Mine* (1980), S. 94: "Taxman was when I first realized that even though we had started earning money, we were actually giving most of it away in taxes."

[26] Vgl. *Taxman (Harrison)*, 1966.

[27] Vgl. ebd.

[28] Vgl. *Taxman (Harrison)*, 1966: „Now my advice for those who die, […]"

[29] *Jane Asher (* 1946)* ist eine britische Schauspielerin, die 1963 ein Interview mit den Beatles führte und später eine fünfjährige Beziehung mit Paul McCartney führte.

[30] Vgl. Miles, Barry: *Paul McCartney: Many Years From Now.* (1997), S. 106: "I was thinking of it as a song for Ringo, which it eventually turned out to be, so I wrote it as not too rangey in the vocal."

[31] Vgl. *Yellow Submarine (Lennon/McCartney)*: "Everyone of us has all we need, […]"

[32] Vgl. Kap. 2.1.3.3

[33] *Geoff Emerick (* 1946)* ist ein britischer Tontechniker und Musikproduzent, der im Rahmen der Alben *Revolver, Sgt. Pepper's Lonely Hearts Club Band, The Beatles* und *Abbey Road* für die Beatles arbeitete.

[34] Die *Recording Industry Association of America* ist ein US-amerikanischer Verband der Musikindustrie. Sie vergibt seit 1958 die Goldene Schallplatte (500.000 verkaufte Exemplare), seit 1976 die Platin-Schallplatte (1.000.000 verkaufte Exemplare) sowie die Diamantene Schallplatte (10.000.000 verkaufte Exemplare).

[35] Vgl. *Yellow Submarine (Lennon/McCartney)*, 1966.

[36] Vgl. *Yellow Submarine (Lennon/McCartney)*, 1966.

[37] Vgl. *http://www.beatlesinterviews.org/dba10sub.html*, aufgerufen am 6.10.2010: „[…] We were trying to write a children's song. That was the basic idea. And there's nothing more to be read into it than there is in the lyrics of any children's song."

[38] McCartney bestätigte später sogar, dass das Lied von Marihuana handelt: „'Got to Get You into My Life' was one I wrote when I had first been introduced to pot […]", vgl. Miles, Barry: *Paul McCartney: Many years from now*, 1997, S. 190.

[39] Dann wurde *Free as a Bird* veröffentlicht. Hier singt sogar John Lennon posthum mit.

[40] Siehe hierzu auch *Lovely Rita* im Abschnitt 2.1.3.3

[41] Vgl. *Got o Get You into My Life (Lennon/McCartney)*, 1966: " I took a ride, I didn't know what I would find there […] and suddenly I see you."

[42] Vgl. Kap. 1.1

[43] *Timothy Leary (1920-1998)* war ein US-amerikanischer Psychologe, der vor allem für seine Forderungen nach einem liberaleren Umgang mit psychedelischen Drogen (z. B. LSD) bekannt wurde.

[44] Eine klassische Schrift des Tibetanischen Buddhismus, die Sterbenden vorgelesen wird, um ihnen beim Erreichen von Freiheit, Tod und Wiedergeburt behilflich zu sein.

[45] Vgl. hierzu: *http://www.songfacts.com/detail.php?id=114*, aufgerufen am 25.03.10

[46] Vgl. *Tomorrow Never Know (Lennon/McCartney)*, 1966.

[47] „LP oder CD, deren Musikstücke durch inhaltliche und/oder formale Elemente miteinander verbunden sind.", vgl. *wissen.de*, aufgerufen am 25.03.10

[48] Vgl. *The Beatles Anthology (2000)*, S. 241: "John:

Sgt. Pepper gilt als das erste Konzept-Album [...]"

[49] Vgl. *The Beatles Anthology (2000)*, S. 241: "John: 'Sgt. Pepper, das ist Paul, nach einer Amerikareise. Da kam diese ganze Westküsten-Mode auf, dass Bands plötzlich lange Namen hatten [...]. Ich glaube, das hat ihn beeinflusst.' "

[50] Alleine bis zum 1. Januar 1971 wurde es schon 7 Millionen Mal verkauft.

[51] Unter Zugrundelegung des gemittelten Devisenkurses von 0,8927 EUR/GBP vom 25.03.10, 12:02 Uhr. Abgerufen bei der Commerzbank Aktiengesellschaft.

[52] *Robert Fraser (1937-1986)* war ein Kunsthändler aus London, dessen Galerie in den 1960er zum Mittelpunkt moderner Kunst geworden war.

[53] *Peter Blake (* 1932)* ist ein britischer Künstler im Bereich der Pop Art. Obwohl er bereits frühere Werke nachweisen konnte, wurde er erst durch das *Sgt. Pepper*-Cover wirklich berühmt.

[54] So z. B. der US-amerikanische Schauspieler *Leo Gorcey (1917 – 1969)*, der 500 Dollar forderte. Vgl. *The Beatles Anthology (2000), S. 248*

[55] Vgl. *Interview mit Maureen Cleave im London Evening Standard v. 4.3.1966*: "Christianity will go. It will vanish and shrink. I needn't argue about that; I'm right and I will be proved right. We are more popular than Jesus now; I don't know which will go first – rock'n'roll or Christianity."

[56] *EMI = Electric and Musical Industries Ltd.* war die damalige Plattenfirma der Beatles

[57] Vgl. En. 50.

[58] Schwarze Anzüge mit schwarzen Krawatten (außer Ringo, der keine Krawatte trägt)

[59] Dargestellt durch drei grüne Halme, die über den Blumen liegen.

[60] Dieser Hinweis ist ähnlich dem Hinweis im Songtext

von *Come Together*. Vgl. hierzu Kap. 2.1.7.3

[61] *Trimurti* bezeichnet sozusagen die Dreifaltigkeit des Hinduismus. Zu ihr gehören die Gottheiten Brahma als Schöpfer, Vishnu als Erhalter und Shiva als Zerstörer.

[62] Anhänger des Shivaismus, einer Strömung im Hinduismus, die Shiva als höchsten Gott verehrt.

[63] *Stephan Crane (1871-1900)*, amerikanischer Schriftsteller, dessen bekanntestes Werk „Die rote Tapferkeitsmedaille" ist. Crane starb 28-jährig an Tuberkulose.

[64] Vgl. Kapitel 2.1.2.1

[65] Bei dem Modellauto handelt es sich um einen *Austin Healey*, das Auto, mit dem McCartney verunglückt sein soll.

[66] Genau genommen gibt es das Booklet, also das kleine Beilagenheft, erst seit der CD-Ausgabe. Auf der originalen Plattenausgabe befinden sich die folgenden Hinweise entweder im Hülleninneren oder aber auf der Rückseite der Verpackung.

[67] Engl. für „Offiziell für tot erklärt."

[68] Ein ähnlicher Hinweis findet sich auch im Liedtext von *She Came in Through the Bathroom Window*, veröffentlicht auf *Abbey Road*. Siehe hierzu Kap. 2.1.7.3

[69] Im CD-Booklet ist das besagte Foto auf den Seiten 12 und 13 zu finden.

[70] Bemerkenswert ist die Tatsache, dass der 9. November 1966 tatsächlich ein Mittwoch war. Vgl. hierzu den Hinweis auf dem *Sgt. Pepper*-Cover (Kap. 2.1.3.1).

[71] Vgl. Kap. 1.1

[72] *Mal Evans (1937-1976)* war nach einem Job als Türsteher im „Cavern Club" in Liverpool bis zur Auflösung der Beatles deren Roadmanager und Bodyguard.

[73] Vgl. Miles, Barry: *Paul McCartney: Many Years From Now.* (1997), S. 303-304

[74] Z. B. „We hope you have enjoyed the show" anstatt „We hope you will enjoy the show"

[75] Sir *George Martin (* 1926)* war der Produzent der Beatles und trug maßgeblich zu deren Entdeckung bei. Nachdem Brian Epstein, der erste Manager der Beatles, zuvor schon bei namhaften Musikverlagen, wie Decca und sogar EMI, abgelehnt worden war, schloss Martin den ersten Plattenvertrag mit den Beatles ab. Einige Monate später erschien die erste Single: *Love me do.*

[76] *Sheila Bromberg* spielte die Harfe im Streicherarrangement von *She's Leaving Home.*

[77] Vgl. Turner, Steve: *A Hard Day's Write: The Stories Behind Every Beatles Song* (2010), S. 125-127.

[78] McCartney und Coe trafen sich bereits drei Jahre vor ihrem Ausriss in der Popshow *Ready Steady Go!*, in welcher Melanie Coe den ersten Preis bei einem Tanzwettbewerb gewonnen hatte. Vgl. hierzu auch: Hall, Zoe: *She's leaving home (again)*...In: Daily Mirror v. 17.5.2008

[79] Vgl. hierzu auch Kap. 2.1.3.2

[80] Vgl. Olivar, John J.: *Syd Barrett and The Beatles* (2006), Online-Publikation, http://www.neptunepinkfloyd.co.uk/index.php/npf-mag, aufgerufen am 25.05.2010

[81] Vgl. Kap. 1.1

[82] Vgl. *Lovely Rita (Lennon/McCartney)*, 1967.

[83] Man kann bei Betrachtung des Gesamttextes auch durchaus zu dem Eindruck gelangen, dass Lennon über eine gewisse Langeweile des normalen, alltäglichen Lebens geschrieben hat.

[84] Vgl. *Good Morning, Good Morning (Lennon/McCartney)*, 1967: "Going to work, don't want to go, feeling low down."

[85] Vgl. *Good Morning, Good Morning (Lennon/McCartney)*, 1967: "Everyone you see is half asleep."

[86] Vgl. ebd.: „Everyone you see is full of life."

[87] Im Liedtext als „Show" bezeichnet

[88] Vgl. *Good Morning, Good Morning (Lennon/McCartney)*, 1967.

[89] Vgl. ebd.

[90] Vgl. ebd.: „People running 'round, it's five o'clock."

[91] Vgl. *Good Morning, Good Morning (Lennon/McCartney)*, 1967.

[92] Gear (engl.) = Gang (beim Auto)

[93] *Tara Browne (1945-1966)* war der Sohn von Dominick Browne – dem bis dato längsten Mitglied des House of Lords (Oberhaus) – und Oonagh Guiness, einer Erbin des Guiness-Brauerei-Imperiums. Er starb als er am 18. Dezember 1966 mit seiner damaligen Freundin durch South Kensington fuhr. Scheinbar war er mit viel zu hoher Geschwindigkeit unterwegs und übersah dabei eine rote Ampel. Daraufhin kollidierte sein Lotus Elan mit einem LKW. Browne war vermutlich sofort tot.

[94] Vgl. *The Beatles Anthology (2000), S. 247*: "JOHN: […] *A Day in the Life* habe ich mit der *Daily Mail* vor mir am Klavier geschrieben. […] Mir fielen zwei Berichte auf. Einer war über den Guiness-Erben, der einem Auto ums Leben gekommen war. […]"

[95] *Wie ich den Krieg gewann (OT: How I Won the War)* wurde im Jahr 1967 vom US-amerikanischen Regisseur *Richard Lester (* 1932)*, der schon bei den Beatles-Filmen *A Hard Day's Night* und *Help!* Regie führte, produziert. Er basiert auf einem gleichnamigen Roman von Patrick Ryan.

[96] Vgl. Henke, James: *Lennon Legend: An Illustrated Life of John Lennon.* (2003), S. 29

[97] Vgl. *A Day In the Life (Lennon/McCartney)*, 1967.

[98] Vgl. *The Beatles Anthology* (2000), S. 247: „PAUL: […] Es war sowieso ein irrer Song mit „I'd love to turn you on" und vielen psychedelischen Anspielungen. […]"

[99] BBC = *British Broadcast Corporation*, britische Rundfunkanstalt. Ähnlich den öffentlich-rechtlichen Rundfunkanstalten der Bundesrepublik Deutschland.

[100] Vgl. The Beatles: *The Beatles Anthology* (2000), S. 247: "JOHN: Auf der nächsten Seite stand ein Bericht über 4000 Schlaglöcher in den Straßen von Blackburn, Lancashire. […]"

[101] Vgl. ebd.: „PAUL: […] Der nächste Artikel war dann über Lady Soundso, die in der Albert Hall gespielt hatte. Die [Artikel, *Anm. d. Autors*] wurden also alle miteinander vermischt zu einem kleinen poetischen Wirrwarr, der hübsch klang. […]"

[102] *Crescendo* bezeichnet ein allmähliches Lauterwerden der Musik.

[103] Beim *Overdubbing* wird über eine bereits bestehende Tonaufnahme eine weitere aufgenommen. Dadurch wirkt der Klang voller und es können u. U. sogar Instrumente eingespielt werden, die man z. B. auf Grund der Anzahl der Musiker beim synchronen Aufzeichnen nicht spielen könnte.

[104] Vgl. The Beatles: *The Beatles Anthology* (2000), S. 247: "PAUL: […] Und dann hörten wir, wie die Toningenieure von Frequenzen redeten, und wir fragten sie danach. […] Also dachten wir: , Wir müssen einen Teil haben, den nur Hunde hören können. Warum soll man nur Platten für Menschen machen? […] Sollen doch Martha, Fluffy und Rover auch etwas bekommen.'"

[105] Vgl. *A Day In the Life (Lennon/McCartney)*, 1967: "He didn't notice that the lights had changed."

[106] Vgl. ebd.: „They'd seen his face before. Nobody was really sure if he was from the House of Lords."

[107] Vgl. Kap. 1.1

[108] Vgl. hierzu En. 75

[109] *Brian Epstein (1934-1967)* war Manager der Beatles und maßgeblich für den Aufstieg der Band verantwortlich. So verpasste er ihnen mit Beginn seiner Tätigkeit im Jahr 1962 ein spezielles Image, das sich v. a. in guter Kleidung und einer gewissen Disziplin ausdrückte. Im August 1967 nahm sich Epstein durch eine Überdosis Schlaftabletten das Leben.

[110] LP = Abkürzung für Schallplatte (v. engl.: „longplay")

[111] Die EP (Abk. f. engl. „Extended Play") ist eine besondere Form der Musikveröffentlichung. Sie ist der Anzahl ihrer Titel nach zwischen der Single und dem Album einzuordnen, da die EP zu viele Stücke enthält, um als Single zu gelten; sie enthält aber wiederum auch zu wenig Stücke, um ein Album darzustellen. *Magical Mystery Tour* war die letzte EP-Veröffentlichung der Beatles.

[112] Vgl. Burks, John: *A Pile of Money On Paul's Death*, erschienen in *Rolling Stone* v. 29.11.1969, S. 54

[113] Vgl. Paul McCartney, *Interview: I Want To Live in Peace, Life Magazine v. 7.11.1969*, S. 105: "I was wearing a black flower because they ran out of red ones."

[114] Engl. für „Ich war"

[115] Vgl. Kap. 2.1.4.1

[116] Genauer gesagt auf einem Flugplatz, denn die Dreharbeiten fanden auf einem stillgelegten Fluggelände in der britischen Grafschaft Kent statt.

[117] Dass McCartney nicht wirklich barfuß ist, wird hierbei vernachlässigt.

[118] Eine ganz ähnliche Argumentation findet sich beim

Frontcover von *Abbey Road*. Vgl. hierzu Kap. 2.1.7.1

[119] Vgl. Kap. 2.1.7.2

[120] Einen ähnlichen Hinweis haben wir bereits mit der Bassgitarre auf dem Frontcover von *Sgt. Pepper's Lonely Hearts Club Band* gefunden, vgl. Kap. 2.1.3.1.

[121] Vgl. Kap. 2.1.3.1

[122] Wiederzufinden in der Textzeile: „Sitting in an English garden waiting for the sun. If the sun don't come, you get a tan from standing in the English rain.", vgl. *I Am the Walrus (Lennon/McCartney)*, 1967.

[123] Diese Idee wurde durch die Passage „Sitting on a cornflake, waiting for the van to come." in *I Am the Walrus* übernommen.

[124] *The Quarrymen* sind eine britische Rock'n'Roll-Band, die u. a. von John Lennon gegründet wurde und als Vorläufer der Beatles gilt. Sie wurde 1997 wiedergegründet.

[125] Vgl. *I Am the Walrus (Lennon/McCartney)*, 1967.

[126] Die Uhrzeit wurde schon einmal im Zuge von *She's Leaving Home* erwähnt. Vgl. Kap. 2.1.3.3

[127] Vgl. *I Am the Walrus (Lennon/McCartney)*, 1967.

[128] *James Joyce (1882-1941)* war ein irischer Schriftsteller, dessen bekannteste Werke *Ulysses* und *Finnegans Wake* sind.

[129] *Humpty Dumpty* ist eine Figur aus einem englischen Kinderreim und wird normalerweise als „lebendiges Ei" dargestellt. Erstmals erwähnt wurde die Figur im Jahr 1810, erlangte jedoch erst 1871 größere Bekanntheit als er in *Alice hinter den Spiegeln*, dem Nachfolger von *Alice im Wunderland*, vorkam.

[130] Um Kopfverletzungen ging es auch schon im Booklet von *Magical Mystery Tour*. Vgl. Kap. 2.1.4.2

[131] Insgesamt steuerte Ono etwa 1 Million US-$ für die Landschaftsgestaltung bei.

[132] Dt. „Ich habe Paul begraben."

[133] Unter dem „Roten" und „Blauen Album" versteht man die Doppelalben *The Beatles (1962-1966)* und *The Beatles (1967-1970)*, die je 26 und 28 große Hits aus den jeweiligen Epochen enthalten.

[134] Vgl. Schmiechen, Frank: *Erdbeerenfelder für immer.* In: Welt Kompakt v. 15.10.2010

[135] *Keith Moon (1946-1978)* war ein britischer Schlagzeuger, der von 1964 bis 1978 der Rockgruppe *The Who* angehörte.

[136] *Graham Nash (* 1942)* ist ein britischer Sänger, der in den 1960er und 1970er Jahren u. a. mit den Hollies Erfolge feierte.

[137] Teil einer Werksammlung von J. S. Bach, die aus zwei- und dreistimmigen polyphonen Sätzen besteht und für Tasteninstrumente geschrieben wurde. Ursprünglich lautete der Titel *Aufrichtige Anleitung*; heute ist die Sammlung aber eher unter *Inventionen und Sinfonien* bekannt.

[138] *Richard Hamilton (* 1922)* ist ein britischer Maler und Grafiker, der als Gründer des Pop-Art gilt.

[139] Später wurden u. a. noch das Rote und Blaue Album als Doppelalben produziert.

[140] Vgl. z. B. Bauszus, Jens: *John Lennon – Der unbequeme Beatle*, erschienen bei Focus Online, http://www.focus.de/kultur/musik/tid-20084/john-lennon-der-unbequeme-beatle_aid_559714.html, aufgerufen am 8.10.2010

[141] *Glass Onion (Lennon/McCartney)*, 1968: „[…] The walrus was Paul."

[142] Vgl. Wenner, Jann: *Lennon Remembers* (2000), S. 87

[143] Vgl. *The Beatles Anthology* (2000), S. 306: "George: […] I was thinking about the Chinese *I Ching*, the Book of Changes. The Eastern concept is that whatever happens is all meant to be, and there's no such thing as coincidence – every little item that's going down has a

purpose."

[144] Vgl. *I'm So Tired (Lennon/McCartney)*, 1968.

[145] Engl. für *nuscheln*

[146] Z. B. unter
http://www.beatlesagain.com/bpidnew.html, aufgerufen
am 8.10.2010

[147] Am 4.4.1968 wurde der Bürgerrechtler *Martin
Luther King Jr.* in Memphis, Tennessee erschossen.
Daraufhin kam es zu schweren Krawallen (39 Tote, über
2.000 Verletzte) in den Vereinigten Staaten.

[148] Vgl. Everett, Walter: *The Beatles as Musicians:
Revolver through Anthology.* (1999), S. 190

[149] Engl. *Blackbird*

[150] Vgl. Miles, Barry: *Paul McCartney. Many Years
From Now.* (1997): „Paul McCartney: ‚Zur Struktur
dieses Stückes gehört eine besondere harmonische
Verknüpfung zwischen Melodie und Baßbegleitung
[…]' "

[151] *Bourrée in e-Moll* ist ein berühmtes klassisches
Musikstück für Zupfinstrumente, das ursprünglich für
Lauten geschrieben wurde, heutzutage aber auch häufig
von Gitarren, Mandolinen oder Mandoloncelli gespielt
wird.

[152] Vgl. *Blackbird (Lennon/McCartney)*, 1968.

[153] *John Cage (1912-1992)* war ein US-amerikanischer
Komponist, der als wichtiger Antreiber bei der Neuen
Improvisationsmusik und der Fluxusbewegung, einer
künstlerischen Strömung, der auch Yoko Ono angehörte,
gilt.

[154] *Karlheinz Stockhausen (1928-2007)* war ein
deutscher Komponist. Bekannte Werke sind z. B. der
„Gesang der Jünglinge", in welchem er bereits 1955
elektronische Klänge erzeugte, die man vorher nicht
kannte oder die „Zeitmaße für Holzbläser", die einen
von ihm erfundenen Ansatz – die variable Form –

mitbegründeten. Stockhausen ist auch Teil des Covers von *Sgt. Pepper's Lonely Hearts Club Band.*

[155] Das rückwärts abgespielte „Number nine" kann im Internet angehört werden, z. B. unter http://www.beatlesagain.com/bsounds/tmodmb.mp3, aufgerufen am 10.10.2010

[156] Vgl. Westermann, Scott: *Interview mit Russ Gibb* v. 5.5.2009, veröffentlicht auf http://keenerpodcast.com/?page_id=613, aufgerufen am 10.10.2010: „Russ Gibb: ‚[…] And then he told me about the message in Revolution 9. I put the album on the turntable and played it backwards. That's when I first heard the thing that everybody said sounded like *turn me on, dead man.*' "

[157] Vgl. Davis, Erik In: Barker, David: *33 1/3 Greatest Hits, Vol. 1* (2007), S. 211

[158] Die auf der B-Seite vorhandenen Stücke des *George Martin Orchestra* wurden natürlich ebenfalls nur für den Film eingespielt.

[159] Vgl. Lewisohn, Mark: *The Beatles Recording Sessions* (1988), S. 112 u. 134.

[160] Vgl. Kap. 2.1.2.1

[161] Vgl. Kap. 2.1.3.1

[162] Bei der richtigen Darstellung gem. der *American Sign Language* müsste der Daumen gespreizt sein. Auf dem Bild zeigt er jedoch zur Handinnenfläche.

[163] Vgl. *International Times* v. 2.7.1967: „Die Botschaft der Beatles ist zu einer Botschaft der Liebe gereift […]"

[164] Vgl. hierzu auch die Interpretation des Liedtextes von *Yellow Submarine*, Kap. 2.1.2.2

[165] Vgl. Southall, Brian: *Northern Songs* (2007), S. 46.

[166] Vgl. *Only a Northern Song (Harrison)*, 1967.

[167] Musikalisch

[168] Vgl. Miles, Barry: *Paul McCartney: Many Years From Now.* (1997), S. 557 f.

[169] MacDonald, Ian: *Revolution in the Head: The Beatles' Records and the Sixties* (2005), S. 356

[170] Zu finden auf der offiziellen Website der Abbey Road Studios: http://www.abbeyroad.com/visit/

[171] *Linda McCartney, geb. Eastman (1941-1998)* war eine US-amerikanische Fotografin, Musikerin und von 1969 bis zu ihrem Krebstod 1998 die Ehefrau von Paul McCartney. Sie haben drei gemeinsame Kinder (Mary, Stella und James) und gründeten 1971 die Band *Wings*, die bis 1981 bestand und u. .a. das Titellied zum James-Bond-Film „Leben und Sterben lassen" (OT: „Live and let die") sang.

[172] Dt.: „Linda McCartney weint"

[173] Dt.: Er [Paul McCartney] wäre 28, wenn er nicht gestorben wäre.

[174] McCartney wurde am 18. Juni 1942 geboren.

[175] Vgl. *Come Together (Lennon/McCartney)*, 1969.

[176] Vgl. ebd.

[177] Vgl. Drösser, Christoph: *ZEIT-Serie „Stimmt's"; Haare und Fingernägel wachsen nach dem Tod weiter* In: Die Zeit, 50/1997. Verfügbar im Print-Archiv der Zeit unter http://www.zeit.de/1997/50/stimmt50.txt.19971205.xml, aufgerufen am 12.10.2010

[178] Vgl. *Come Together (Lennon/McCartney)*,

[179] Vgl. Kap. 2.1.4.2

[180] Vgl. *She Came in Through the Bathroom Window (Lennon/McCartney)*, 1969: "And so I quit the police department, and got myself a steady job […]"

[181] Vgl. Kap. 2.1.3.2